가르침과 배움의 영성

IVP(InterVarsity Press)는
캠퍼스와 세상 속의 하나님 나라 운동을 지향하는
IVF(InterVarsity Christian Fellowship)의 출판부로
생각하는 그리스도인을 위한 문서 운동을 실천합니다.

To Know As We Are Known
Copyright ⓒ 1983, 1993 by Parker J. Palmer
All rights reserved.

Korean translation copyright ⓒ 2006 by Korea InterVarsity Press
Published by arrangement with HarperOne, an imprint of
HarperCollins Publishers
through EYA Co.,Ltd.

이 책의 한국어판 저작권은 EYA Co.,Ltd를 통해
HarperCollins Publishers와 독점 계약한 IVP에 있습니다.
신 저작권법에 의하여 한국 내에서 보호받는 저작물이므로
무단 전재와 무단 복제를 금합니다.

가르침과 배움의 영성

파커 파머 | 이종태 옮김

Ivp

차례

한국어판 서문　9

1993년판 서문 _ 교육에서의 공동체 회복　13

감사의 글　31

들어가며　35

1_ 안다는 것은 사랑한다는 것이다　43

2_ 영성 형성으로서의 교육　69

3_ 가르침 배후에 숨겨진 가르침　95

4_ 진리란 무엇인가?　119

5_ 가르침이란 공간을 창조하는 일이다　157

6_ 진리에 대한 순종이 실천되는 공간　189

7_ 가르치는 이의 영성 형성　219

주　253

인명·주제 색인　258

브렌트, 토드, 캐리에게.

한국어판 서문

이렇게 한국어판 서문을 쓰게 된 것은 제게 커다란 영광입니다. 이 책에서 다루는 주제의 공동체에 오신 것을 환영합니다.

저는 한국의 교육자들이 앎과 가르침과 배움에 있어 심오한 차원을 되살리는 일에 주목하고 있다는 사실에 무척 고무되었습니다. 그러나 놀라지는 않았습니다. 왜냐하면 교사와 학생들이 참된 교육의 영적 원천을 회복하기 위해 애쓰고, 20세기 교육계를 지배했던 세속주의와 과학주의에서 교육을 구출하기 위해 노력하는 것은 지금 전 세계적인 현상이기 때문입니다. 제가 이 책을 쓴 이유는, 많은 교육자들이 속으로만 품고 있을 뿐 '영적인' 것에 심한 편견을 가진 지성 사회에서 표현하지 못했던 생각과 직관을 표명함으로써, 그러한 회복에 기여하고 싶었기 때문입니다.

그러나 저는 지성 사회가 영적인 것에 대해 갖고 있는 편견을 전혀 이해하지 못하는 바는 아닙니다. 역사를 돌이켜보면, 지적 삶(the life of the mind)의 핵심인 자유로운 탐구에 대해 비관용적이었던 영성은 물론, 생명을 주기보다는 죽음을 가져온 영성이 많이 있었기 때문입니다. 영성을 교육의 필수적인 차원으로서 옹호하는 사람들도 그러한 악에 대해서는 단호히 반대해야 합니다.

그러나 또한 우리는 영적인 욕구를 무시하고 심지어 평가절하하는 현대 교육에 대해서도 단호히 반대해야 합니다. 인간 조건의 중심부에는 언제나 영적 욕구가 있고 또 앞으로도 있을 것이기에, 개인과 사회의 변화를 추구하는 교육이라면 마땅히 인간의 영적 욕구를 중심 관심사로 삼아야 합니다. 결국, 영성은 인간이 추구해 온 것들 중 가장 유구하고 중대한 것이기 때문입니다. 그것은 자기 자신보다, 자신의 자아보다 더 큰 그 무엇과 연결되고자 하는 추구이기 때문입니다.

이러한 '연결되고자 하는 추구'는 모든 위대한 종교(religion: 이 단어의 라틴어 어근은 '다시 묶는다'는 의미입니다)의 핵심일 뿐 아니라 모든 위대한 학문 활동의 핵심이기도 합니다. 역사 연구란 과거 세계와 연결되고자 하는 추구가 아니고 무엇이겠습니까? 생물학 연구란 자연 세계와 연결되고자 하는 추구가 아니고 무엇이겠습니까? 문학 연구란 상상력의 세계와 연결되고자 하는 추구가 아니고 무엇이겠습니까?

그리고 위대한 가르침이란 '연결됨의 역량'을 발휘하는 것이 아니고 무엇이겠습니까? 위대한 교사는 학생, 주제 그리고 그들 자신 사이에 관계의 망을 엮어 내는 사람들입니다. 학생이 스스로 의미 있는 삶을 엮어 낼 수 있도록, 그래서 그들의 삶을 통해 이 갈가리 찢어진 세계를 다시 엮어 낼 수 있도록 말입니다.

이러한 이해에서 볼 때, 앎과 가르침과 배움은 단순한 학문 활동을 훨씬 넘어서는 의미를 가집니다. 앎과 가르침과 배움은 깊은 인간적 의미를 가진 활동, 위대한 인간적 목적을 가진 활동, 우리 자신과 이 세계의 변화에 기여하는 활동입니다.

제가 이 책을 쓴 것은 바로 이러한 의미를 회복하기 위해서입니다. 우리를 더욱 인간답게 만들어 주는 앎과 가르침과 배움의 방식, 문화적 장벽을 초월하는 교육의 영성에 대한 대화로 한국인 독자 여러분을 초청합니다.

2000년 8월 9일, 파커 팔머

1993년판 서문 ● 교육에서의 공동체 회복

숨어 있는 온전성

10년 전 이 책이 처음 출판되었을 당시만 해도, 나는 기독교 관련 대학이나 신학교의 교수들, 종교학 교수들, 종교 교육 관련 종사자들이 이 책의 독자가 되리라고 예상했다. 여하튼 이 책은 교육의 영적 차원 문제를 다룬 것이고, 통상적인 생각으로는 교육자들은 대개 영적인 문제에 대해서 무관심하거나 냉소적이기 때문이다.

그러나 지금 나는, 이 책이 그 때 생각했던 것보다 훨씬 폭넓고 다양한 독자들에게 읽히고 있다는 사실에 큰 기쁨을 느낀다. 요즈음 나는 이 책에서 다루고 있는 문제들에 관해 공립 학교와 주립 대학, 사립 대학과 주요 연구 기관의 교수들과 토론을 하느라, 강연 여행으로 내 일정의 반을 보내고 있는 형편이다. 그 교수들 중에는 유대교도, 이슬람교도, 불교도들도 있으며, 공식적인 종교적 정체성을 갖고 있지 않은 이들도 있다. 물론 나는 교회 관련 배경을 가진 교육자들과도 지속적인 대화를 나누고 있고 그에 대해 감사하게 생각하지만, 이러한 다양한 배경의 사람들과의 대화는 나의 사고를 넓혀 주었고 또 풍요롭게 해주었다.

교육의 영성에 대한 책, 그것도 기독교적 관점에서 쓰인 책이 무슨 이유로 그렇게 다양한 독자들에게 읽힌 것일까? 나는 그것이 부분적으로, 이 책이 다른 전통들을 존중하며 그들로부터 배울 자세를 갖춘 영성을 제공한다는 이유 때문이기를 바란다. 그러나 나는 더 근본적인 이유가 있음을 알고 있다. 그것은 어떤 분야든 오늘날 모든 교육자들이 극심한 고통에 처해 있기 때문이다. 그 고통으로 인해 그들은 새로운 도움을 찾게 된 것이다.

우리는 극심한 고통을 당하게 되면, 우리의 상황을 더 깊은 차원까지 엄밀히 고찰하고, 우리와 우리 세계가 힘과 성공으로 자신만만했을 때라면 그저 기괴해 보였을 영역에까지 관심을 갖고 거기서 통찰을 얻고자 애쓰게 된다. 내가 만나는 교사들은 교육이 '제대로 돌아가고 있다'는 몽상 같은 것은 전혀 갖고 있지 않다. 그들은 학생들이 만족스러운 교육을 받고 있지 못하며, 교사로서 그들 자신의 성장도 제도적인 뒷받침을 받고 있지 못하다는 것을 안다. 그들은 복잡하기 그지없는 인간 문제들을 그저 피상적인 기술로 '고치려' 하는 교수들에게 염증을 느끼고 있다. 그들은 영적 전통으로부터 기술 이상의 도움을 기대하고 있다.

나는 교육 전체에 스며 있는 이러한 고통을 '단절의 고통'이라고 부른다. 어디를 가든, 자신이 동료들로부터, 학생들로부터, 또 자신의 마음으로부터 단절되었다고 느끼는 교사들을 만난다.

우리는 대부분 명성이나 돈 때문이 아니라, 연결되고자 하는 열정으로 교직에 첫발을 디딘다. 우리는 어떤 주제에 대해 깊은 유대감을 느낀다. 우리는 학생들을 그러한 관계로 인도하기 원하며, 우리에게 그토록 활력을 불어넣어 준 그 지식과 그들을 연결시켜 주기를 원한다. 우리는 우리와 동일한 가치관과 소명을 가진 동료들과 공동체를 이루어 일하기를 원한다. 그러나 제도가 공동체보다는 경쟁을 만들어 낼 때, 지적 삶이 우리를 연결시켜 주기보다는 오히려 격리시킬 때, 우리의 마음은 활력을 잃고 우리를 지탱하는 것이 거의 사라지고 만다.

영적 전통은 그러한 고통중에 있는 우리에게 다른 곳에서는 찾기 어려운 희망을 제공할 수 있다. 왜냐하면 모든 영적 전통의 궁극적인 관심은 우리를 다시 연결시켜 주는 데 있기 때문이다. 모든 영적 전통은, 우리 삶의 깨어진 표면 밑에는—토머스 머튼이 말하는— '숨어 있는 온전성'이 존재한다는 위대한 진리에 기초하고 있기 때문이다. 모든 지혜 전통이 주는 희망은, 이 찢어진 세계 속의 우리를 다시 온전성으로 불러 주는 데 있으며, 갈기갈기 찢어진 우리의 공동체를 다시 하나로 엮어 주는 데 있다. 그것이 바로, 내가 생각하기에, 요즈음 많은 '뜻밖의' 장소에서 교육의 영성이 탐색되고 있는 이유다. 그것은 가르침과 배움이라는 고래(古來)의 공동체적 행위가 어쩌면 영적 지혜를 통해 다시금 새로워질 수 있을지 모른다는 기대 때문이다.

영적 전통 안에 지혜가 들어 있는 것은 사실이지만, 그 지혜를 대변한다는 사람들이 지혜롭지 못한 말을 할 때가 많았던 것도 사실이다. 나는 아직도 영성의 문제에 관심을 보이는 세속 교육자들의 인내심에 높은 존경심을 표한다. 과거를 돌이켜볼 때 종교와 교육의 결합은 교육에 유익 못지않게 많은 해를 끼쳤다는 것이, 슬프지만 사실이기 때문이다. 너무나 자주, 영적 전통은 탐구를 촉진하기보다는 가로막는 데 사용되었다. 신앙을 고백한다는 교육자들이, 다양한 형태로 찾아오는 진리를 환영하지 못하고 오히려 진리를 두려워하는 경우가 너무 많았다.

이것이 바로 내가 이 책에서 교육의 '목표'가 아닌 그 '원천'의 영성을 말하는 이유다. 목표의 영성은 교육을 통해 학생들의 삶을 바람직한 방향으로 억지로 몰아가려고 한다. 그것은 영적 전통을, 학생들의 사상과 믿음과 행동을 평가하는 주형(鑄型)으로 사용한다. 그것이 추구하는 목표는 공적 교육이 종결될 때까지 어떻게든 학생들을 그 주형에 맞는 모양으로 만들어 내는 것이다.

그러나 그러한 교육은 출발부터 바르지 못하다. 즉, 그것은 전혀 교육이 아니다. 진정한 영성은 진리—어떠한 진리든, 또 우리를 어디로 인도하는 진리든—를 향해 우리를 열어 준다. 그러한 영성은 우리에게 가야 할 곳을 명령하지 않으며, 어떤 길이든 정직하게 걷는 길이라면 우리를 지식으로 이끌어 줄 것임을 신뢰한다. 그러한 영성은 우리로 하여금 다양성과 차이를 환영하도록, 다의성(ambiguity)을 용납하도록, 역설을 끌어안도록 격려한다. 이러한 이해에서는, 교육의 영성이 해야 할 일은 목표를 강제로 정해 주는 것이 아니라 가르침과 배움의 내적 원천을 검토하고 정화시키는 것, 우리의 마음과 지성에서 해로운 독소를 제거하는 것이다.

예를 들어, 진정한 교육의 영성은, 너무 자주 우리의 가르침과 배움에 침입하여 파괴력을 행사하는 두려움의 문제를 다룰 것이다. 진정한 교육의 영성은, 배움의 적(敵)은 무지가 아니라 바로 두려움이며 무지는 두려움을 통해 우리를 지배한다는 것을 깨닫게 해줄 것이다. 진정한 교육의 영성은 우리에게서, 무지가 드러나는 것에 대한 두려움, (종교적 혹은 세속적) 정통이 도전받는 것에 대한 두려움을 뿌리째 뽑아 주고자 할 것이다. 진정한 교육의 영성은 우리에게, 우리의 진리 추구(그리고 진리의 우리 추구)는 반쪽 진리와 편협한 개념이라는 죽음을 넘어 새로운 삶으로 인도할 것이라는 확신을 심어 줄 것이다.

진리의 공동체

지난 10년 간 다양한 교육자들과 가진 만남으로 인해 이 책의 중심적 이미지 하나를 달리 표현하게 되었다. 5장과 6장에서 나는 가르침을 '진리에 대한 순종이 실천되는 공간을 창조하는 일'로 정의했다. 이는 진정한 교육에 대한 나의 관점에서 참으로 중요한 이미지인데, 나는 어떤 사람들이 '순종'이라는 개념에 대한 불신으로 인해 마음 문을 닫아 버리는 것을 보고 고민하지 않을 수 없었다.

이미 본문에서 내가 말하는 '순종'은 결코 권위주의적 뜻을 내포하고 있지 않음을 충분히 설명했지만, 어떤 사람들은 여전히 그 단어를 거부한다. 나는 그 이유를 이해할 수 있다. 흑인 미국인들, 여성들, 젊은이들, 기타 역사상 변두리로 밀려난 사람들이 보기에는, '순종'이란 개념은 너무나 자주 그들의 입을 막아버리고 부당한 권력을 정당화하는 데 사용되었기 때문이다. 그들은 "도대체 **누구의** 진리에 순종하란 말인가?"라고 묻는다. 나는 "우리 사이에서 생겨나는 진리"라고 대답하지만, 그럼에도 불구하고 대화는 거기서 끊어질 때가 많다. 나는 언어는 간격을 넓히는 데가 아니라 좁히는 데 사용되어야 한다고 믿기에, "진리에 대한 순종을 실천한다"는 말이 의미하는 바에 대한 더 포용적인 표현을 찾고 싶었다.

그러다 몇 년 전 나는 나의 본래 의도에 충실하면서도, 대화를 중단하지 않고 촉진할 수 있는 표현을 마침내 발견했다. 가르침이란 "진리의 공동체가 실천되는 공간을 창조하는 일이다"라는 것이다. 이 '진리의 공동체'가 바로 내가 '순종'이라는 단어를 통해 말하고자 했던 것이다. 말하고 들으며 다른 사람들에 대해 요구하고 책임지는, 관계들의 풍요롭고 복합적인 그물망 말이다. 이 새로운 이미지는 다른 이들과 더불어 단절의 고통에 대해 깊이 살펴보는 일, 교육의 최선의 본질과 일치하는 치유책을 찾아가는 일을 더 용이하게 해준다.

단절의 고통이 극심해졌기에, 교육에서의 공동체 회복에 대해 10년 전보다 오늘날 더 많은 논의가 이루어지고 있다. 그러한 논의들이 결실을 맺기 위해서, 우리는 교육의 목적—**앎**과 **가르침과 배움**—과 일치하는 공동체 이미지를 사용해야 한다. 즉, 우리가 추구해야 할 공동체는 '진리의 공동체'이어야 한다. 그러나 불행하게도, 현재 교육에서의 공동체에 대한 논의는 거의 이런 방향으로 진행되지 않는 추세다. 대신 우리는 다른 영역에서 빌려 온 공동체 이미지들을 억지로 교육에 부과해 놓고선, 왜 잘 들어맞지 않고 삐걱거리는지 의아해하는 형편이다.

예를 들어, 교육에서의 공동체에 대해 가장 흔히 듣는 이미지는 '심리치료적 공동체'다. 심리치료적 공동체를 이루기 위해서는 심리적 상처가 드러나고 치유될 수 있는 솔직하고 개방적인 관계에 대한 역량이 요구된다. 이러한 이미지에서, 공동체는 곧 친밀함을 의미한다. 친밀함은 좋은 것이며, 가치 있는 관계인가? 물론 그렇다. 그렇다면 그것은 교육의 목적에 가장 잘 부합하는 공동체인가? 나는 그렇지 않다고 생각한다. 앎과 가르침과 배움에 어느 정도 친밀감이 요구되는 것은 사실이지만, 그렇다고 친밀감이 교육의 궁극적 규범이 된다면 교육은 왜곡되고 말 것이다.

교육에서의 공동체에 대한 토의에 흔히 등장하는 또 다른 이미지는 '시민적 공동체'(civic community)이다. 시민적 공동체의 관심은 친밀감이 아니다. 그것의 관심은 서로에 대해 결코 깊이 알지 못하지만, 흩어지면 안 되기 때문에 뭉치는 법을 배워야 하는 낯선 이들 간의 관계에 대한 것이다. 그러한 공동체가 추구하는 바는 타협하는 법을 배우는 것이며, 그러한 공동체 내의 관계를 위한 규범은 관용과 공적 예의(civility)다. 공적 예의는 좋은 것이고 가치 있는 관계인가? 물론 그렇다. 그렇다면 그것은 교육의 목적에 가장 잘 부합하는 공동체인가? 나는 그렇지 않다고 생각한다. 앎, 가르침, 배움에 어느 정도 공적 예의가 요구되긴 하지만, 그렇다고 공적 예의가 교육의 궁극적 규범이 된다면 교육은 왜곡되고 말 것이다.

우리는 다른 영역의 체험에서 이미지를 빌려 올 것이 아니라, 교육의 영역 자체로부터, 즉 앎과 가르침과 배움의 세계로부터 공동체의 이미지를 가져와야 한다. 그렇게 우리 자신의 자원들을 활용할 때, 우리는 고무적인 사실 하나를 발견하게 된다. 즉, 지적 삶의 최전선에 서 있는 학자들은 이제 공동체 개념을, 교육자의 삶을 묘사하는 데 필수 불가결한 것으로 여기고 있다는 것이다.

분명 공동체는 지성의 전통적 핵심 문제 네 가지에서 중심 자리를 차지하고 있다. 바로 실재의 본질(존재론), 우리가 실재를 인식하는 방식(인식론), 우리가 가르치고 배우는 방식(교육학) 그리고 교육이 세계 속에서 우리의 삶을 형성하고 왜곡하는 방식(윤리학)이다. 나는 이러한 항목들 아래서 공동체의 회복에 대해, 교육의 세계에 부합하면서 동시에 '숨어 있는 온전성'에 대한 영적 이해에 뿌리를 두고 있는 몇 가지 제안을 하고자 한다.

실재와 인식에 대한 공동체적 이미지들

실재의 본질

원자물리학의 출현 이래, 물리적 실재에 대한 대중적 이미지는 공간을 떠다니는 입자들의 이미지였다. 다윈과 사회적 다원주의 이래, 생물학적 실재에 대한 대중적 이미지는 부족한 자원을 놓고 피비린내 나는 경쟁을 벌이는 개체들, "서로 죽기 살기로 싸우는 자연"(Tennyson)의 이미지였다. 실재에 대한 이 두 가지 이미지는 서로 다른 학문 영역들로부터 왔지만, 중요한 특질 하나를 공유한다. 즉 그것들은 본질적으로 비공동체적, 심지어 반(反)공동체적이다.

그러나 오늘날 이러한 이미지들은 과학 자체의 중심부에서부터 도전을 받고 변화되고 있다. 많은 생물학자들은 경쟁이 아니라 공동체를 가장 핵심적 은유로 사용하고 있다. 물리학자들도 더 이상 원자를 독립적이고 고립된 존재로 보지 않으며 헨리 스태프(Henry Stapp)의 표현을 빌리자면, "다른 존재들을 향해 나아가는 관계들의 무리"로 여기고 있다. 따라서 토머스 머튼이 말하는 '숨어 있는 온전성'은 영적 공상 이상이었음이 판명되었다. 공동체의 관계들이 실재의 핵심에 존재한다.

이 말은, 우리의 문화와 제도는 실재에 대한 우리의 지배적 은유에 따라 형태를 갖추며 그 은유가 변하면 오랜 시간에 걸쳐 따라 변하는 경향이 있다는 사실만 아니어도, 그저 난해한 추상에 불과했을 것이다. 고대 중국이 상호 의존성의 우주론을 중심으로 사회적 삶의 질서를 정했듯이, 현대 미국은 파편화의 우주론을 중심으로 그 모습이 형성되고 있다. 한 세기 이상 원자론(atomism), 개인주의, 경쟁이 우리 사회와 학교에 제도화되었다. 현대 물리학자들은 공간을 떠다니는 원자들이라는 이미지를 버렸을지 모르나, 여전히 우리는 그 파기된 세계관을 반영하는 개인주의 문화를 갖고 있다. 현대 생물학자들은 피비린내 나는 경쟁이라는 이미지를 버렸을지 모르나, 여전히 학교는 '서로 죽자사자 싸우는' 교육을 제공하고 있다.

만일 우리가 이러한 문화 지체 현상을 극복하고, 현대 과학이 제공하는 이미지들을 중심으로 교육을 개혁한다면 어떻겠는가? 우리는 학생들이 개념과 사실의 공적 교육과정 못지않게 제도적 양식과 관행의 '숨은 교육과정'으로부터 많은 것을 배운다는 것을 알고 있다. 따라서 학교가 학교에서 가르치는 실재들의 공동체적 본질을 더 많이 반영할 때, 교육은 더 진정한 교육이 될 것이다. 우리가 학교를, 덜 개인주의적이고 경쟁적인 그리고 더 협동적이고 공동체적인 실재의 이미지들을 중심으로 만들어갈 때, 학생들은 다른 모든 삶의 본질에 대해서도 더 참된 교훈을 배울 수 있을 것이다.

실재를 인식하는 방식
우리는 이러한 공동체적 주제를, 실재의 본질에 대한 현대적 이미지들뿐만 아니라 실재를 인식하는 방식에 대한 현대적 이미지들을 통해서도 발견할 수 있다. 대중적 이미지에서 인식은 고립된 개인의 행위로 간주된다. 인식 주체는 감각과 지성을 사용하여 '저쪽 바깥'에 있는 인식 대상을 파악하고 해석한다. 이 인식 주체는 다른 인식 주체들로부터 떨어져 있을 뿐 아니라, 또한 '객관적이고' 순수한 지식을 보장하기 위해 인식 대상과도 떨어져 있다. 실재가 인식되는 방식에 대한 대중적 이미지는, 실재 자체의 본질에 대한 대중적 이미지와 마찬가지로, 비공동체적 혹은 반공동체적이다.

그러나 현대 학자들은 인식이 근본적으로 공동체적 행위임을 이해하고 있다. 고립된 자아에 의해 이해될 수 있는 것은 아무것도 없는데, 이는 자아란 그 자체가 본질적으로 공동체적이기 때문이다. 우리는 무언가를 인식하기 위해서, 우리가 뿌리를 두고 있는 공동체의 합의에 의존한다. 이는 너무나 깊이 뿌리박힌 합의여서 우리는 종종 무의식적으로 이것에 의존한다. 예를 들어, 과학자 공동체에는 실재는 우리의 감각이 파악할 수 있는 것들로 구성되어 있다는 합의가 존재한다. 과학자들을 포함하여 우리 모두가, 실은 우리의 감각이 잡아낼 수 없는 실재들에 의존하고 있다는 사실은 여기서 중요하지 않다. 그 어떤 과학자도 자신의 학술 보고서에 초감각적인 요소들을 들여오려고 하지 않는다. 공동체에서 축출당할 위험을 무릅쓰지 않는 한 말이다.

인식의 공동체적 본질은 인식 주체들 간의 관계 문제를 넘어선다. 즉, 그것에는 인식 주체와 인식 대상이 상호 작용하는 공동체도 포함된다. 인식 주체와 인식 대상의 철저한 구별에 의존하는 객관주의의 신화는 오늘날 이미 파산 선고를 받았다. 이제 우리는 어떤 것을 안다는 것은 그것과 살아 있는 관계를 맺는다는 의미임을—그 인식 대상에게 영향을 미치고 또 그로부터 영향을 받는다는 의미임을—이해한다. "우리 자신에 대해 말하지 않고서는 자연에 대해 말할 수 없다"는 프리조프 카프라(Fritjof Capra)의 말은 객관주의의 죽음을 알리는 조종(弔鐘)이었다.

인식에 대한 이러한 공동체적 이미지들은, 지성의 역할이 객관주의가 말하는 것처럼 단절시키는 데 있지 않다는 것을 보여 준다. 사고 행위를 사랑하는 사람은 누구나 지성은 우리를 우리 자신과 세계에 더 깊이 연결시켜 줄 수 있다는 것을 알고 있다. 역사학자가 '죽은' 과거에 대해 사고하는 것은, 우리가 우리 안에 살고 있는 과거와 맺고 있는 관계를 드러내 주려는 것이다. 생물학자가 '말 못하는' 자연에 대해 사고하는 것은, 우리에게 자연이 하는 말을 들을 수 있는 귀를 주려는 것이다. 지성의 참된 역할은, 전에는 도달하지 못했던 것들과 우리를 연결시켜 주는 일, 삶의 위대한 공동체를 다시 엮어 주는 일이다.

학생들이 사고하기를 거부하는 데는 간단한 이유가 있다. 그들은 관계가 위태로운 세계에 살고 있으며, 더 많은(더 적은 것이 아니라) 공동체를 간절히 갈망하고 있다. 따라서 사고가 그들을 서로 그리고 세계로부터 단절시키는 것으로 보일 때, 그들은 그것을 원하지 않는 것이다. 그러나 만일 우리가 인식에 관한 진실—인식이 공동체를 파괴하는 것이 아니라 창조한다는 점—을 보여 줄 수만 있다면, 우리는 더 많은 젊은이들을 배움이라는 위대한 모험으로 이끌 수 있을 것이다.

가르침, 배움, 삶에 대한 공동체적 이미지들
가르치고 배우는 방식

학자들이 공동체의 중심성을 재발견하고 있는 세 번째 영역은 교육학(교수법), 즉 가르치고 배우는 방식에 대한 학문이다. 교수와 학습에 대한 지배적인 이미지들이 공동체적이기보다는 개인주의적이고 경쟁적이라는 것은 놀라운 일이 아니다. 그것들은 바로 그러한 특징을 가진, 실재와 인식에 대한 이미지들에서 파생되었기 때문이다. 만일 실재가 공간에서 떠다니는 원자들 혹은 서로 경쟁하고 있는 개체들로 구성된다면, 만일 인식이 떨어져 있는 대상에 대한 자료들을 모으는 일로 이루어진다면, 교수와 학습이란 학점이라는 희소한 보상을 위해 서로 경쟁해야만 하는 학생들에게 자료를 전달하는 일을 의미하게 될 것이다.

그러나 오늘날 학자들의 말—어느 시대나 좋은 교사들은 알고 있었던 바—에 따르면, 진정한 학습은 학생이 교사, 다른 학생들 그리고 그 학과와의 관계로 인도될 때 비로소 일어난다. 교실 안에 배움의 공동체가 창조되지 않는 한 우리는 깊고 만족스러운 배움을 가질 수 없다.

교수법에 대한 공동체적 이미지들이 인식론에 대한 공동체적 이미지들의 회복에 발맞추어 재발견되고 있다는 것은 우연이 아니다. 우리가 가르치는 방식은 인식 방법에 대한 우리의 생각에 달려 있다. 즉, 인식론이 변화될 때 비로소 교수법을 변화시킬 수 있다. 우리 시대의 교수법의 개혁은 그럴싸한 교수 기술의 개발을 통해 일어나지 않을 것이다. 그것은 실재와 인식에 대한 우리의 지적·영적 시각의 커다란 변화를 통해 비로소 일어날 것이다.

어떤 주제에 대한 사실들을 암기하는 것이 최선의 배움은 아니다. 실재는 공동체적이기 때문에 우리는 그것과 상호 작용을 할 때 가장 잘 배운다. 실용적 학문에서는, 그것은 재료를 다루고 가공품을 만들어 내고 문제를 해결하는 것 등을 의미할 수 있다. 좀더 추상적인 학문에서는, 그것은 학자들이 해당 영역의 개념과 자료들을 어떻게 산출하고 비평하고 사용하는가에 대해 배우는 것을 의미할 수 있다. 좋은 교사들은 다양한 방법들을 통해, 학생들을 그들이 가르치는 주제와의 살아 있는 관계로 인도한다.

좋은 교사는 또한 학생들로 하여금 자신과, 또 서로서로 공동체를 맺도록 한다. 이는 단순히 부드러운 분위기를 만들기 위해서가 아니라, 교수와 학습이 요구하는 어려운 일들을 감당할 수 있기 위해서다. 교육 개혁에 대한 논의는 종종 '엄격한' 지적 덕목들을 강조하는 사람들과, '부드러운' 정서적 덕목들을 강조하는 사람들로 양극화되곤 한다. 이는 간단한 사실 하나를 간과하고 있기에 아무런 열매를 맺지 못하는 논쟁이다. 즉 교실에서 지적인 엄격함을 실천하기 위해서는 반드시 신뢰와 용납의 분위기가 필요하다는 것이다. 지적인 엄격함은 정직한 반론 제기, 상대의 생각을 수긍할 줄 아는 자세에 달려 있는데, 이런 것들은 공동체의 '부드러운' 가치들이 부족할 때는 생겨날 수 없다. 공동체적 덕목들이 결여되어 있을 때, 지적 엄격함은 지적 '사후경직'(*rigor mortis*)이 되기 쉽다.

우리가 세계 속에서 살아가는 방식

학생들이 주제 및 서로와 상호 작용함으로써 배우는 공동체적 교실에 대한 비전은, 이제 공동체가 재발견되고 있는 네 번째 영역―교육의 윤리―으로 인도한다. 여기서 핵심적 질문은 다음과 같다. 과연 지금 우리는 학생들로 하여금 그들의 삶에 대한 공동체의 요구에 응답하도록 만들어 주는 교육을 하고 있는가? 그들은 그저 고립된 개인들로서 희소한 보상을 위해 경쟁하는 법을 배우고 있을 뿐인가, 아니면 학습자와 시민으로서 그들의 삶 속에 풍성한 공동체를 창조하는 법을 배우는 중인가?

우리는 교육에서의 윤리 문제를 다룰 때(그리고 종종 이 문제를 완전히 무시할 때) 흔히 그것을 학생들 개개인의 행동 기준의 개발을 돕는 문제로 취급한다. 이는 개인적 윤리만을 강조함으로써 공동체적 윤리를 희생시키는 것일 뿐 아니라, 더 심각하게는, 모든 차원의 교수와 학습에서의 공동체적 이미지들의 존재나 부재는 세계 속에서 학생들의 삶에 긍정적 혹은 부정적 영향을 끼칠 수 있음을 무시하는 것이다. 이는 심지어 우리가 공식 주제가 아닌 때에라도—어쩌면 특히 바로 그 때에—교실에서 가르쳐지고 있는 윤리의 '숨은 교육과정'의 중요성을 과소평가하는 것이다.

만일 우리가 학생들에게 실재를 우리 마음대로 재구성할 수 있는 원자들의 모음으로 생각하도록 가르치고 있다면, 지금 우리는 반공동체적 윤리를 가르치고 있는 것이다. 만일 우리가 학생들로 하여금 지성이란 자신을 세계로부터 떼어놓고 단절시키는 도구라고 생각하도록 가르치고 있다면, 지금 우리는 반공동체적 윤리를 가르치고 있는 것이다. 만일 우리가 학생들로 하여금 지식을 희소 상품이나 되는 양 생각하도록, 학점을 위해 서로 경쟁하도록 가르치고 있다면, 지금 우리는 반공동체적 윤리를 가르치고 있는 것이다. 만일 학교에서 이러한 것들이 이미지와 관행의 '숨은 교육과정'을 통해 가르쳐지고 있다면, 어떠한 공적 교육과정의 내용도—아무리 그것이 '공동체적'이고 '윤리적'이라 하더라도—변화를 일으킬 수 없다.

궁극적으로 말해서, 윤리적 교육이란 학생들의 삶 속에 연결됨(connectedness)을 위한 역량을 창조해 주는 교육이다. 언제나 교육은 교육받은 사람으로 하여금 복잡하고 힘겨운 이 세계에서 더 생산적이고 평화롭게 살아갈 수 있도록 해주는 역량들(예를 들어, 비판적 사고나 다의성의 관용 등)을 개발시켜 주는 것으로 정의되어 왔다. 그러나 이러한 중요한 역량들이 공동체 건설적인 방식이 아닌 공동체 파괴적인 방식으로 가르쳐질 때가 많았다. 비판적 사고는 공동체 이탈의 도구가 되었고, 다의성의 관용은 값싼 상대주의가 되었다.

그러나 꼭 그래야만 하는 것은 아니다. 비판적 사고는 시민적 참여의 한 양식으로서 가르쳐질 수 있고, 다의성의 관용은 자신의 목소리를 잃지 않으면서 다른 이들의 목소리에 귀기울이는 것으로서 가르쳐질 수 있다. 그러나 공동체가 교육의 주춧돌이 되어 있지 않은 상황이라면, 이러한 기술들은 오늘날 교육받은 사람들의 특징인 단절(disconnectness)을 위한 역량으로 금세 타락하고 말 것이다.

이 중대한 시점에 우리 앞에는 교육을 그 기초에서부터 공동체적인 활동으로서 새롭게 바라볼 수 있는 기회—실재에 대한 우리의 이미지, 인식 양식, 교수·학습 방법 면에서—가 놓여 있다. 그러한 새로운 시각은 철저히 윤리적인 교육, 즉 학생들로 하여금 윤리적 삶의 중심인 연결됨을 위한 역량을 개발하도록 돕는 교육을 낳을 것이다.

그러한 교육은 윤리가 그 참되고 유일한 근거에 뿌리를 두도록, 즉 우리 삶의 깨어진 표면 너머에는 모든 삶이 의존하는 '숨어 있는 온전성'이 있다는 영적 통찰에 뿌리를 두도록 만들어 줄 것이다. 그러한 교육에서는, 지성과 영혼은 하나가 될 것이며 교사와 학습자와 주제가 함께 살아 있는 공동체를 이룰 것이며 병든 이 세계에 치유가 일어날 것이다. 바로 그것이 교육의 영성이 지금 주목을 받을 가치가 있고 또 받아야만 하는 이유다.

감사의 글

이 책은 헨리 나우웬(Henri Nouwen), 존 모가브가브(John Mogabgab)와 더불어 영성, 공동체, 교육에 대한 일련의 대화를 시작했던 1978년에 시작되었다. 2년 동안 우리는 2주에 한 번씩 모여 함께 대화하고 기도하며 웃고 변변찮은 점심을 나누며 하루를 보냈다. 모임과 모임 사이에는 각자 지난 번의 대화에 대해 간단한 글을 썼고, 그 글들은 다음 만남을 위한 출발점이 되었다. 이렇게 교육의 영적·공동체적 차원을 강조하는 이 책은, 우정과 탐구와 예배의 한 작은 공동체에 그 기원을 두고 있다. 헨리와 존에게 참으로 감사해 마지않는다. 이 책은 그들의 풍부한 지성과 마음으로 인해 비로소 태어날 수 있었다.

1980-1981년 동안, 세인트존스 대학과 수도원(St. John's University and Abbey)에 있는 에큐메니컬 문화연구소(Institute for Ecumenical and Cultural Research)는 내게 이 책의 초고를 완성할 수 있는 기회를 주었다. 내게 자극을 주고 격려해 준 연구소 직원들과 교수들에게 감사드린다. 또한 이 책이 나올 수 있도

록 재정적 지원을 해준, 릴리 재단(Lilly Endowment Inc.)의 로버트 린(Robert W. Lynn)과 다른 직원들에게도 감사드린다.

원고의 일부분 및 개정 원고에 대해 비평을 해준 사람들이 있다. 세심하고 고무적인 비평을 해준 로버트 린, 샐리 팔머(Sally Palmer), 로버트 랜킨(Robert Rankin), 페그 스턴(Peg Stearn), 바바라 휠러(Barbara G. Wheeler)에게 감사드린다. 하퍼 앤드 로우(Harper & Row) 출판사의 편집자 존 쇼프(John Shopp)는 이 책의 목적과 구조를 명확히 하는 데 도움을 주었을 뿐 아니라, 내가 낙담해 있을 때는 줄곧 격려를 해주었다. 편집자 앤 모루(Ann Moru)는 글을 다듬는 데 큰 도움을 주었다. 또한 때로는 알아보기 힘든 글씨를 깔끔하고 명료한 최종 원고로 타이핑해 준 패트리샤 디파비오(Patricia DiFabio)에게도 감사드린다.

이 책에서 나는 나 자신의 교육을 포함해서, 많은 이의 교육에 대해 비판하고 있지만, 내게는 대안적 교수·학습법의 모델을 제공해 준 많은 선생님들이 있었고, 지금 이 자리를 빌려 그들에게 감사를 표하고 싶다. 로버트 벨라(Robert N. Bellah), 로버트 맥카피 브라운(Robert McAfee Brown), 윌리엄 콜브(William L. Kolb), 데이비드 메이트랜드(David Maitland), 찰스 맥코이(Charles McCoy), 바드웰 스미스(Bardwell Smith), 스티브 스탈로나스(Steve Stalonas)는 지성과 마음을 결합시키는 교육 방식을 향해 가는 길에서 내게 안내자가 되어 준 사람들이다.

마지막으로, 지난 10년 동안 함께 살고 일했던 펜들 힐(Pendle Hill)의 사람들, 퀘이커 공동체와 성인 학습 센터에 감사드린다. 그 곳에서 그들과 함께 있었기에, 교육의 영성을 향한 나의 탐구는 비로소 깊이와 방향을 갖출 수 있었다.

들어가며

> 그러나 누가 그 분열에 굴복하리요.
> 나의 삶의 목표는
> 나의 직업과 소명을 결합시키는 것,
> 나의 두 눈이 하나가 되어 바라보듯이.
> ─로버트 프로스트(Robert Frost)

많은 이들이 한쪽 눈만으로 살아가고 있다. 우리는 대개 지성(mind)의 눈에 의존해서 실재에 대한 이미지를 형성한다. 그러나 오늘날 점차 많은 이들이 다른 쪽 눈, 즉 지성의 눈은 보지 못하는 실재를 볼 수 있는 마음(heart)의 눈을 떠 가고 있다. 한쪽 눈만으로는 충분하지 않다. 우리에게는 '온전한 시각'(wholesight), 즉 '두 눈이 하나가 되어 바라보듯이' 지성과 마음이 하나가 되어 세계를 보는 시각이 필요하다. 우리의 시각이 곧 우리의 존재를 형성한다. 우리가 온전하게 볼 수 있을 때에야 비로소 우리와 우리의 세계는 온전해질 수 있다.

우리는 지성의 눈으로 사실과 이성의 세계를 본다. 그 곳은 차갑고 기계적인 세계지만, 예측 가능하고 안전해 보인다는 이유로 우리는 그 곳을 삶의 터전으로 삼아 왔다. 그러나 핵과학의 시대인 오늘날, 우리의 지성이 만들어 온 세계는 결함이 있고 위험하며 심지어 치명적이라는 것이 드러났다. 그리하여 이제 우리는 마음의 눈을 뜨고 새로운 영역을 본다. 사랑의 힘을 통해 따뜻해지고 변화되는 세계, 지성으로는 볼 수 없는 공동체에 대한 비전을 본다. 우리는 마음을 버릴 수 없으며, 지성도 버릴 수 없다. 어떻게 우리는 두 시선을 하나로 모을 수 있을까? 어떻게 두 눈을 통해, 흐릿하게 이중으로 보이는 상이 아니라, 모든 차원에서 치유되고 온전해진 하나의 세계를 창조할 수 있을까? 이 책에서 나는 이러한 질문들에 대해 나름대로 답하고자 한다.

(앞의 시인의 용어를 빌리자면) 내 소명(vocation)은 영적인 삶 즉 하나님을 추구하는 삶으로서, 이는 마음의 눈에 의존한다. 반면, 내 직업(avocation)은 교육 즉 지식을 추구하는 삶으로서, 이는 지성의 눈에 의존한다. 기억하기로 나는 두 눈 모두를 통해 삶을 보아 왔다. 그러나 그렇게 해서 보이는 두 모습이 언제나 일치하는 것은 아니었다. 때때로 나는 교육받은 지성 때문에 생기는 영적 위기와 씨름했다. 내 감각과 이성이 그토록 자신만만하게 실재를 그들의 좁은 술어들로 축소시키고 있는데, 어떻게 내 마음의 소리가 참일 수 있단 말인가? 때로는 정반대의 질문이 생겨났다. 영적 시각에 그토록 풍요로운 깊이와 의미가 있는데 실재를 그토록 축소시켜 버리는 감각과 이성의 말을 어떻게 신뢰할 수 있단 말인가? 나는 — 한쪽 눈을 감아 버릴 수도, 두 눈을 전부 감아 버릴 수도, 또 흐릿함 속에서 살아갈 수도 없었기에 — 두 눈이 하나가 될 수 있는 길을 찾아 나서야 했다. 영혼을 추구하는 마음과, 지식을 추구하는 지성이 합작하여 실재의 모든 놀라운 차원을 볼 수 있는 방법을 찾아야만 했다.

오늘날 많은 이들이 '온전한 시각', 즉 실재에 대한 포괄적 인식을 진지하게 추구하고 있다. 나의 시각은, 인식은 우리의 감각과 이성뿐 아니라 직관, 믿음, 행동, 관계 그리고 몸 자체에 의존하고 있음을 보여 주는 최근의 여러 연구 결과를 통해 더욱 명확해졌다. 특별히 신물리학(new physics)의 연구 결과에 기초한 과학 철학, 여성들이 세계 속에서 자신의 존재 방식에 대해 분명하게 표현하면서 생겨난 페미니즘의 통찰, 또 토박이 미국인들과 기타 토착민들의 인식 방식에 대한 탐구의 도움이 컸다.

나는 이 책을 통해 대안적 시각, 곧 영적 전통의 중심부에서 발견되는 시각을 제공해 줌으로써 '온전한 시각'에 기여할 수 있기를 희망한다. 지성의 시각은 마음을 배척하나, 마음의 시각은 지성을 포용할 수 있다. 나는 나의 영적 전통이 우리에게 두 눈 모두를 통해 보는 시각, 단일하고 한결같으며 온전한 시각을 제공할 수 있다고 믿는다.

오늘날과 같이 종교가 실제가 아닌 공상의 영역에 속한 것으로 잘못 취급당하고 있는 세속적인 시대에, 영성에서 새로운 인식 방법을 찾는 것은 자칫 이상하게 보일 수 있다. 그러나 내가 그렇게 하는 이유는, 단순히 지식이 아니라 궁극적으로 진리에 관심이 있기 때문이다. 대부분의 학문 분야는 사실과 이성을 위한답시고 진리를 폐기시켜 버렸다. 하지만 영성은 아직도 진리에 대한 포괄적 이해에 매진하고 있는 분야로 남아 있다. 아마 이 책은 여전히 진리를 지적 관심사로 삼고 있는 이들의 흥미를 끌

것이다. 더 나아가 나는 이 책이 일상 생활 자체에서 진리를 추구하는 이들의 흥미를 끌 수 있기를 희망한다.

나의 영성은 기독교적이며, 따라서 나는 이 책이 인생에 그리고 지성의 한계에 관심이 있는 그리스도인들에게 유용할 것이라 믿는다. 그러나 또한 이 책이 다른 종교 전통을 가진 사람들에게도 도움이 되기를 바란다. 나는 그들이 기독교적 주제들에 대한 내 글에서, 그들의 영적 시각에 대한 단순한 관용이 아니라 긍정을 발견할 수 있기를 바란다.

나는 교육을 직업으로 삼고 있으므로, 총체적인 인식 방식에 대한 나의 탐구 결과는 실제적인 교수·학습 방법으로 전환되어야 할 것이다. 나는 이 책이 자신의 일에서 통일된 시각을 추구하는 교사와 학생들에게 도움이 되기를 희망한다. 그러나 또한 이 책이, 교육을 통해 갖게 되었을지 모를 자신의 편협한 시각을 넓히기 원하는, 과거에 학생이었던 사람들에게도 도움이 되기를 희망한다.

물론 이 책에서 제기하는 질문들은 답하기가 불가능한 것들이다. 진리란 무엇인가? 나는 진리를 어떻게 알 수 있는가? 나는 진리를 어떻게 가르칠 수 있는가? 그러한 질문들에 대해서는 관습적 의미에서의 '정답'은 존재하지 않는다. 그러나 나는 진리에 대한 시각을 지속적으로 추구하는 것, 처음에 아무리 희미하게 보이더라도 뚫어지게 두 눈으로 바라보는 것, 또 아무리 위험하게 느껴지더라도 내가 보게 된 것에 응답하는 것이야말로 내 인식과 가르침과 나 자신을 활력 있게 만드는 방법임을 안다. 나는 그러한 바라봄과 추구에 당신이 함께하기를, 또 인간의 영혼과 진리의 영의 만남, 그 오래된 그러나 언제나 새로운 만남에 당신과 동참할 수 있기를 바란다.

1장에서는 현대 지식이 우리를 어디로 이끌어가고 있는지에 대해 질문할 것이다. 나 자신의 교육을 되돌아보고, 그것이 나를 어디로 인도해 왔는지에 대해 숙고할 것이다. 그것은 현 세대의 학생들이 나아가는 방향에 대한 몇몇 걱정스런 자료들을 이해하는 데 도움을 줄 것이다. 그 과정에서 나는 우선적인 질문 하나를 제기할 것이다. 우리의 지식은 어디로부터 오는 것인가? 나는 그 대답을 내 영적 전통의 중심에서 찾을 것이다. 이렇게 1장은 '교육의 영성'을 위한 토대를 놓는다.

2장에서는 표준적인 교육이 우리의 인식과 존재를 어떻게 형성―혹은 왜곡―시키고 있는지를 보여 줄 것이다. 교육에서 행해지고 있는 몇몇 형성 훈련을 살펴본 뒤, 나는 왜곡의 원천을 오늘날 대부분의 교육을 지배하고 있는 '객관주의적' 인식 이론에서 찾을 것이다. 그러나 우리 시대의 첨단 철학 사상들은 객관주의를 지지하지 않고 있으므로, 나는 그렇다면 그것이 어디서부터 비롯하는지를 물은 뒤, 그것이 우리의 관습적 교수 방법의 결과임을 논할 것이다.

3장에서는 그러한 관습적 교수 방법들을 분석하고 그것들이 학생들에게 미치는 영향에 대해 묘사할 것이다. 나는 이러한 방식의 가르침이, 그것을 개혁시키고자 하는 수많은 노력에도 불구하고, 그렇게 널리 확산·지속되는 이유를 물은 뒤, 대안적 교수·학습 방법에 대한 이야기 하나를 들려줄 것이다. 그것은 수도원 운동의 기초를 놓았고 기독교 영성 전통의 원천이 되는, 4세기 사막 교부들로부터 유래하는 이야기다.

4장에서는 그 전통의 중심에 있는 진리에 대한 이미지, 즉 "내가 진리다"라고 말씀하셨고, 진리를 알고자 하는 사람들을 신실한 관계들의 공동체로 초대하셨던 한 인물의 이미지에 대해 살펴볼 것이다. 나는 진리에 대한 이러한 인격적·공동체적 개념이—종교적 지식뿐 아니라, 물리과학이나 사회과학, 인문학 지식에 대해서도—갖는 몇 가지 의미에 대해 말할 것이다.

5장과 6장에서는 이러한 인식 방법에서 나오는 실제적인 교수·학습 방법 몇 가지를 설명할 것이다. 여기서 나는 '가르침이란 진리에 대한 순종이 실천되는 공간을 창조하는 일'임을 제안할 것이다. 5장은 교사가 어떻게 배움을 위한 공간을 창조할 수 있는지에 대해 묻고, 6장은 그 공간 내에서 어떻게 교사와 학생이 진리에 대한 순종을 실천할 수 있는지를 물을 것이다.

7장에서는 그러한 종류의 가르침을 행하는 데 필요한 영성 훈련에 대해 살펴볼 것이다. 교사인 우리가 학생들이 진리의 형상으로 형성되도록 도울 수 있으려면, 우리 자신을 재형성하는 데 주의를 기울여야 한다. 지금껏 우리의 시각이 한쪽 눈만 가진 교육에 의해 형성되었고, 지금도 다른 쪽 눈을 뜨지 못하게 하는 조건 아래 있다면, 우리의 시각과 존재를 온전하게 만들어 주는 훈련이 절실히 필요하다.

1 ● 안다는 것은 사랑한다는 것이다

지식의 폭력

나 역시 핵무기의 광휘에 매료되었다. 과학자라면 이는 불가항력적이다. 생각해 보라. 별들을 가동시키는 에너지를 자기 손에 쥐고 방출시킬 수 있을 때의 기분을. 당신은 그 에너지를 맘대로 휘두를 수 있다. 당신은 기적을 행할 수 있다. 수백만 톤의 바위를 단번에 하늘로 들어올릴 수 있다. 이는 우리에게 무한한 힘을 가졌다는 환상을 심어 준다. 어떤 의미에서는 현재 우리가 가진 모든 문제에 대한 책임이 바로 여기에 있다. 인간이 자신이 소유한 지식의 힘을 깨달을 때 빠져들고 마는 과학 기술의 오만함 말이다.[1]

이는 최초의 원자 폭탄을 만들어 낸 일단의 미국 과학자들에 대한 영상 다큐멘터리, "그 날 이후"(The Day after Trinity)에서 한 저명한 물리학자가 한 말이다. '트리니티'(Trinity)란 최초의 원폭 투하일을 일컫는 반어적 암호명이며, '그 날 이후'에야 비로소 그 과학자들은 자신들의 연구가 초래한 결과에 대해 분석하고 고뇌하기 시작했던 것이다.

다큐멘터리는 끔찍한 영상으로 가득했다. 그러나 내게 가장 끔찍했던 것은, 우리 꿈에 나타나곤 하는, 어쩌면 현실이 될지도 모르는 그 버섯 구름이 아니었다. 그것은 바로 교육받은 지식인들이—우리 사회가 낳은 최고의 지성인들이—그 같은 악마적인 목적을 위해 그렇게도 열정적으로 매진하고 있는 모습이었다. 다큐멘터리에서 그들은 마치 통제할 수 없는 힘에 사로잡혀 있는 것처럼 보였다. 그들을 연구원으로 소집한 정부의 힘이 아니라, 그들이 가진 지식 자체의 힘 말이다. 인터뷰에서 한 과학자는 말했다. "폭발이 있기 전, 실험실에서는 어쩌면 그로 인해 대기권이 폭파되어 지구가 사라져 버릴지도 모른다는 말이 오갔다."[2] 그럼에도 불구하고 '실험'은 예정대로 진행되었다. 그것을 가능하게 했던 지식의 불가항력적인 결과였던 것이다.

나는 다큐멘터리와 그것이 보여 주는 역사를 통해, 어떻게 지식이 우리를 우리 자신도 원하지 않는 목적을 향해 몰아갈 수 있는지를 볼 수 있었다. 우리는 '그 날 이후'가 되어서야 이를 깨달을 뿐이다. 나는 조나단 쉘(Jonathan Schell)이 「지구의 운명」(*The Fate of the Earth*)에서 했던 말을 이해하게 되었다. "현재의 핵 위기의 양상과 성격에서 근본적인 요소는, 그 기원이 사회 환경이 아니라 과학 지식에 있다는 것이다."[3] 나는 히로시마 원폭 투하가 있은 후 로버트 오펜하이머(Robert Oppenheimer)가

연설 중에 했던 말도 이해하게 되었다. "이제 물리학자들은 죄가 무엇인지를 알게 되었다."

우리에게는 두려움과 맞설 소망의 이미지가, 죄를 아는 지식에 맞설 은혜를 아는 지식이 필요하다. 이것이 바로 내가 이 책에서 우리와 우리 세계에 상처가 아닌 치유를 가져오는 앎의 방식과 교육 방식이 무엇인지를 말함으로써 제시하고자 하는 것이다. 그러나 나는 영적 생활을 통해 소망과 은혜는 결코 값싸게 얻을 수 있는 것이 아님을 배웠다. 소망과 은혜를 얻으려면, 반드시 먼저 정직한 자기 성찰과 이어지는 자기 고백—용서와 변화의 근원을 향해 자신의 내적 어둠을 바치는 일—이 있어야만 하는 것이다.

나는 핵 물리학자가 아니며, '트리니티' 같이 엄청나게 중요한 프로젝트에 참여해 본 적도 없다. 하지만 나는 그 과학자들과 나 자신을 동일시한다. 그들의 이야기는 곧 내 이야기다. 그들에 대해 심판자 행세를 하려는 것은, 나 자신이 받아야 하는 심판을 회피하려는 시도에 불과하다. 나는 거대한 죄에 대한 그들의 고백을 값지게 여긴다. 왜냐하면 그것은, 그에 비하면 작지만 별반 다를 것 없는 내 죄에 대한 나 자신의 고백에 도움을 주기 때문이다.

그 과학자들과 나 사이에 많은 차이점이 있음에도 불구하고, 우리에게는 한 가지 공통점이 있다. 우리는 모두 고등 교육을 받은 이들로서, 세계를 분석과 조작의 대상으로 다루는 앎의 방식, 세계에 대한 지배를 목적으로 삼는 앎의 방식을 학교에서 교육받았다. 그 과학자들처럼 나도 내게 있는 지성의 힘에 대해 알게 되었을 때 오만에 빠져들었다. 내가 가진 힘이 적었기에 나의 오만함으로 초래된 결과들은 세계를 뒤흔들 정도까지는 못 되었다. 그러나 나 역시 나름의 방식으로, 권력욕을 만족시킬 목적으로 세계를 재구성하는 데 내 지식을 사용했다. 삶을 선물로서 사랑하기보다는 삶을 일그러뜨리고 헝클어뜨리면서 말이다.

20대 후반까지만 해도 여전히 내가 가진 지성의 힘에 우쭐해 있던 나는, 인간이 자기를 둘러싼 세계를 아는 방식에 대해 책을 한 권 쓴 바 있다(다행히 그 책은 출판되지 않았다. 주장이 잘못되어서라기보다는, 내 잘못된 생각이 시장에 나올 만큼 잘 포장되지 않았기 때문일 것이다). 이제 그 책에서 내가 주장했던 논지들을 소개하려 하는데, 다소 모호하고 추상적으로 들리더라도 잠시만 참아 주길 바란다. 내가 그것들을 소개하는 이유는, 한 교육받은 사람이 자신의 지식을 사용하고 삶을 사는 방식에 그것들이 어떻게 영향을 끼쳤는지를 보여 주기 위함이다.

그 책에서 나는, 지식이란 우리가 우리를 둘러싼 혼돈에 정신적 질서를 부여함으로써 출현하는 것이라고 주장했다. 세계는 감각적 인상들—색깔, 맛, 냄새, 질감, 무게, 높이, 길이—의 뒤범벅 상태로 나타날 뿐이다. 우리는 이러한 혼돈에 의미를 부여하기 위해, 개념을 이용해 우리가 받는 인상들을 조직화하고, 이론을 이용해 그 개념들을 조직화한다. 이론이나 개념 같은 정신적 구성물의 진리성 여부는, 그저 그것이 데이터와 얼마나 잘 맞아들어가며 당면한 지적·실제적 문제를 해결하는 데 얼마나 도움이 되는지에 따라 판단될 뿐이다.

내 주장이 함의하는 바는, 세계는 자체의 필연적 모양이나 질서를 전혀 갖고 있지 않을 뿐만 아니라, 우리 지성이 세계에 부여한 모양은 그것이 우연히 잘 맞아들어가는 특정 문화 밖에서는 전혀 타당성을 갖지 못한다는 것이기도 하다. 즉 그리스도인과 선불교도, 과학자와 예술가들은, 다른 문화에 살며 해결해야 할 문제들도 다르기 때문에, 세계에 질서를 부여하는 방식도 다르다는 것이다. 내 주장에 의하면, 앎(knowing)이란 자의적(arbitrary) 과정일 뿐이며, 당시 우리가 우연히 참여하고 있는 그 문화 게임(culture-game)의 규칙에만 종속될 뿐이다.

돌이켜볼 때, 나는 앎에 대한 내 이론이, 내가 누구이며 세계와 어떤 관계를 맺고 있는지에 대한 인식 형성(혹은 왜곡)에 영향을 끼쳤음을 깨닫는다. 여러 해 동안 나는 사고(thinking)란 문제 해결을 위해 말들을 이리저리 움직이는—'이기도록' 말들을 배치해 가는—일종의 장기 게임이라 생각했다. '이긴다'는 것은 각기 다른 배경에서, 또 각기 다른 규칙에 따라 여러 가지를 의미했다. 한때 내가 처한 환경은 학교였다. 거기서 '이긴다' 함은 교수들로부터 높은 학점을 따 내는 것이었다. 내게 'A'를 가져다 주는 것이면 무엇이든 진리였다. 전문 학자가 되었을 때에는 승리란 동료 학자들의 인정을 받는 것이었다. 그 때는, 전문 학술지 기고, 학계의 인정, 학적 지위 상승 등이 진리의 판단 기준이었다. 학계를 떠나 지역의 조직 일에 뛰어들었을 때는, 당면한 정치 싸움에서 이기는 데 얼마나 도움이 되는지에 따라 진리의 무게가 결정되었다. 내 윤리는 기회주의적이었고, 당면한 상황적 필요에 의해 좌우지되었다. 그것은 효과를 보는 것이면 무엇이든 '진리'가 되는, 내 사산(死産)된 책에 묘사된 바 있는 조작적 양식의 앎을 그대로 반영하는 윤리였던 것이다.

"그 날 이후"에서 나는 이와 동일한 윤리, 동일한 양식의 앎이 작용하는 것을 발견했다. 또한 그러한 방식의 앎과 삶이 초래하고 마는 폭력을 대형 스크린을 통해 지켜볼 수 있었다. 내 삶에서도 그러한 폭력은 결국 여러 차원에서 분명히 나타났다. 나는 주변 세계로부터 멀어졌고 소외되었다. 세계의 많은 부분이 도구와 수단에 불과했고, 게임에 이기는 데 얼마나 도움이 되는지에 따라서만 가치가 매겨졌다. 나는 세계를 나 자신의 형상대로 만들기 위해 일했다. 때로는 성공했다. 그러나 그 결과들이 주는 즐거움은 일시적일 뿐이었다. 왜냐하면 내가 사물에 부여한 나의 형상 자체가 왜곡되고 쫓기는 자아의 형상이었기 때문이다. 때로는 실패했다. 세계가 항상 지는 것은 아니기 때문이다. 그럴 때는 강제로 세계를 바꾸려는 더 폭력적인 분투와 분노가 초래되었다. 결국 내가 얻은 최종적인 결과는 점증하는 권태와 도피 그리고 냉소였다. 권력욕이 주된 동기이며 사랑할 능력은 결여되어 있는, 그러한 방식의 앎과 삶에서 달리 무슨 결과가 나올 수 있겠는가?

미국 대학생들을 대상으로 한 카네기 위원회(Carnegie Commission)의 최근 연구 조사는 내 이야기가 결코 특별한 것이 아님을 보여 준다.[4] 그 조사는, 최고의 교육을 받은 미국의 젊은이들이 미국과 세계의 미래에 대해 대단히 비관적인 전망을 가지고 있음을 보여 준다. 그들은 무엇보다도 "경제, 환경 오염, 범죄, 도덕, 에너지, 핵전쟁에 대해 두려워한다." 그러나 동시에 그들은 개인적인 미래에 대해서는 대단히 낙관적으로 전망하고 있다. 그들은 교육을 통해 획득한 지식을 통해—특별히 그로 인해 갖게 될 직업과 관련하여—자신만큼은 세계적 재난 가운데서도 안전과 온전한 상태를 확보할 수 있을 것이라고 믿고 있다. 전에 내가 그랬던 것처럼 그들도 주변 사람들은 모두 지고 자신은 '이길' 수 있다고 믿고 있는 것이다.

연구자는 다음의 인터뷰 내용을 전형적 예로 인용하고 있다.

기자: 앞으로 10년 후 미국은 더 살기 좋은 곳이 될 것 같습니까, 아니면 더 나쁜 곳이 될 것 같습니까?

학생: 분명 미국은 살기에 더 나쁜 곳이 될 것입니다.

기자: 그렇다면 당신은 미래에 대해 대단히 비관적이겠군요.

학생: 아니, 그렇지 않습니다. 전 낙관적입니다.

기자: (놀라며) 아니, 어째서요?

학생: 전 학점이 높거든요. 그러니 좋은 직장을 갖게 될 것이고, 돈도 많이 벌고, 멋진 집에서 살게 될 테니까요.[5]

이러한 조사 결과는 여러 가지 방식으로 해석할 수 있다. 아마 정신의학자는 이 학생들에게 정신 분열 증세가 있다고 진단할 것이다. 개인적 안녕에 대한 환상에 집착함으로써 누구도 피할 수 없는 공포로부터 자신을 방어하려 한다고 말이다. 한편 인문학자는 그들의 답변을, 명확한 시각과 사고를 갖추도록 도와주어야 할 교육 본연의 목표를 직업 교육 중시주의(vocationalism)가 대체해 버린 증거로 볼 것이다. 그러나 내 경험으로 볼 때, 그러한 환각적 윤리는 그들이 학교에서 배운 앎의 양식을 반영해 주는 것이다. 그들은 세계를 조작의 대상으로 배워 왔다. 비록 전 세계를 재구성할 수 있다고 믿었던 세대가 가졌던 확신은 잃었을지라도, 여전히 그들은 세계의 작은 부분만큼은 자신이 개인적인 욕망의 충족을 위해 조직할 수 있다고 믿는 것이다.

관습적 지혜는 고등 교육을 받은 학생들이 세계에 대한 책임을 저버린 채 자신의 지식을 이용해 세계의 문제들을 해결하려 하지 않는다며 통탄할 것이다. 그러나 이 학생들이 두려워하여 달아나려는 문제 중 많은 것들(특히, 핵 위협)은 실은 그들보다 앞서 고등 교육을 받은 이들에 의해 만들어졌다. 카네기 연구 조사의 응답자들은 모두 '그 날 이후'에 성장한 이들이다. 즉, 그들은 인간의 교만과 힘으로 시작해서 결국 인간의 교만과 힘으로 끝나고 마는 그런 종류의 앎의 희생자들인 것이다. 그리고 이들도 학교에서 그와 같은 종류의 앎을 배웠다. 따라서 오히려 우리는, 그들 중 달아나려 하지 않고 세계에 참여하기로 결정하는 이들이 이번에는 그들의 다음 세대에 대한 가해자가 되지는 않을까 마땅히 의심해 보아야 한다.

트리니티 프로젝트의 과학자들, 카네기 연구 조사의 학생들 그리고 나, 우리 모두는 공히 우리가 가진 지식의 오만에 압도당했으며, 그 오만으로 공동의 삶에 해를 끼치고 있다. 이것은 최소한 나의 고백이며, 교육받은 다른 사람들도 공유하기를 바라는 고백이다. 그러나 고백은 영적 삶의 첫 단계일 뿐이며, 세계에 상처가 아니라 치유를 가져오는 지식을 낳는 교육의 영성을 향한 나의 첫걸음이다. 은혜와 소망을 얻고자 기도한다면, 우리는 우리가 소유한 지식에 관해 더 많은 것을 이해하고자 노력해야 한다. 왜냐하면 그 지식이 또한 우리를 소유하고 있기 때문이다.

지식의 기원과 목적

지식의 목적에 대해서는 요즈음 상당히 진지하고 우려 섞인 논의가 있어 왔다. 지난 세기 동안 우리는 인간 지성의 힘을 경축했고, 첨단 과학의 발전을 기뻐해 마지 않았다. 그러나 우리는 이 모든 지식이 대체 지금 우리를 어디로 데려가고 있는지 자문하기 시작했다. 우리는 기술이 생태계에 미치는 영향에 대해, 인간의 행동을 조작할 수 있는 응용 사회과학의 힘에 대해, 유전공학의 무서운 잠재력에 대해, 무엇보다 핵물리학의 파괴력이 점차 망각되어 가는 것에 대해 염려하고 있다. 우리의 지식이―인간과 짐승을 구별짓는다는 바로 그 지식이—오히려 인간 세계를 자연 세계보다 훨씬 더 비인간적이고 훨씬 더 야만적인 곳으로 만들고 있지는 않은가?

이는 긴급하고도 곤혹스러운 질문이다. 그러나 이 문제와 진정으로 씨름하기 위해서는, 지식의 목적뿐 아니라 그 **기원**에 대해서도 질문을 던져야 한다. 즉, 우리의 지식은 대체 어디로부터 오는가? 그것의 궁극적 원천은 무엇인가? 알고자 하는 우리 열정의 원천은 대체 무엇인가?

지금까지 우리는 지식의 기원 문제에 대해 무시해 왔다. 왜냐하면 우리는 지식이란 (가치) 중립적 재료— '사실'—에서 시작한다고 가정했기 때문이다. 우리는, 사실은 사실이며, 사실은 우리가 변경시킬 수 없고 그것들을 수집하는 일도 그만둘 수 없다고 생각해 왔다. 우리는, 문제는 우리의 지식이 어디서 비롯하는가가 아니라, 그러한 (가치) 중립적 사실을 어떻게 사용하고 적용하는가 하는 것이라고 믿어 왔다. 우리는 지식 자체는 열정이나 목적을 갖고 있지 않다고 생각했다. 따라서 그 동안 지식의 방향을 인도하기 위해 우리가 채택한 전략은, 사실들을 윤리나 도덕 규범으로 둘러싸서, 사실을 이용하는 사람들—엔지니어, 기업가, 정치가—이 가진 열정이나 목적을 제어하는 것이었다. 현재 우리의 학교가 채택하고 있는 전략이 바로 이것이다. 사실에 입각한 정규 교육에 대한 보충물 정도로 이따금씩 '가치관' 교육이 행해지고 있을 뿐이다.

그러나 나는 지식은 자체의 도덕(morality)을 갖고 있다는 것,

즉 지식은 (가치) 중립성이 아니라 인간 영혼 내부의 열정에서 시작한다는 것을 깨닫게 되었다. 그 열정의 성격이 무엇인지에 따라, 우리의 지식은 특정한 경로를 따르며 특정한 목표를 향해 나아가게 된다. 지식은 우리 영혼 안에서 기원하는 지점에서부터 이미 일정한 궤도와 목표점을 가진다. 그러기에 일단 출발점에서 떠난 다음에는 윤리에 의해 쉽사리 방향 수정이 되지 않는다. 핵미사일이 인간 지식에 대한 불길한 상징으로 사용되는 지금, '궤도'와 '목표점'은 적절한 이미지라 할 수 있다. 우리의 지식이 나아가는 경로와 최종 도착지가 염려스럽다면, 우리는 발사대로 되돌아가, 그것에 연료를 공급하고 경로를 지정해 주는 우리 내부의 열정에 대해 살펴보아야 한다.

역사를 돌아보면 지식에는 두 가지 주된 원천이 있음을 알 수 있다. "그 날 이후"는 이 둘 모두를 명확히 보여 준다. 하나는 호기심이며, 다른 하나는 지배욕이다. 전자는 순수 이론 지식 같은 지식 자체가 목적인 지식에 해당되고, 후자는 응용 과학 같은 실용적 목적을 위한 수단으로서의 지식에 해당된다.

인간은 캐묻기 좋아하는 존재, 늘 사물의 안쪽으로 파고들어가 숨겨진 비밀을 파헤치기 좋아하는 존재다. 닫혀 있고 무언가로 싸여 있는 상자를 보면 우리는 호기심이 발동한다. 우리는 어떤 내용물이 들어 있는지를 알고 싶어하고, 내용물을 꺼내면 그것을 구성하고 있는 가장 미세한 입자까지 열어 보고 싶어한다. 또한 우리는 힘에 미혹되는 존재다. 우리는 우리 환경, 다른 사람, 자기 자신을 지배할 수 있는 힘을 가져다주는 지식을 갖고 싶어한다. 지금껏 우리가 열어 본 상자들 중 많은 것이 삶에 대한 더 큰 지배력을 주는 비밀을 담고 있었기에, 호기심과 지배욕은 우리의 앎 이면에 자리한 열정으로 함께 결합되어 있다.

때때로 호기심은 대상을 죽이기도 한다. 그리고 우리의 지배욕은 위험하기 그지없는 인간들의 손에 살인적 권력을 쥐어 주기도 한다. 이러한 원천—호기심과 지배욕—에서 발사된 지식이라면, 삶 자체에 대한 존중과 같은 기본적인 윤리적 가치관으로도 궤도가 수정되지 않고, 결국 끔찍한 결말을 향해 치닫고 마는 것은 놀라운 일이 아니다. 호기심은 도덕과 무관한 열정으로서, 알고자 하는 욕구를 방해하는 어떠한 지시도 거부하려 든다. 지배욕은 권력욕의 다른 말에 불과하며, 도덕과 무관할 뿐 아니라 부패하기 쉬운 것으로도 악명 높다. 만일 우리 앎의 주된 동기가 이러한 호기심과 지배욕이라면, 결국 우리는 우리를 삶이 아니라 죽음으로 이끄는 지식을 낳고 말 것이다.

그러나 우리는 전혀 다른 종류의 지식도 있음을 알아야 한다. 그것은 앞의 것과 전혀 다른 열정에서 시작하며 전혀 다른 목표를 향해 나아가는 지식이다. 이 지식은 지금 우리가 소유하고 있는 지식만큼이나 견실한 사실과 이론을 담고 있으나, 더 참된 열정으로부터 발원하는 것이기에 더 참된 목표를 향해 나아간다. 이는 호기심이나 지배욕이 아니라, 바로 자비(compassion) 혹은 사랑—지적 전통에서는 그렇지 않았지만 영적 유산에서는 소중히 여겨지는 원천—에서 기원하는 지식이다.

사랑에서 발원하는 지식의 목표는 깨어진 자아와 세계의 재연합과 재구축이다. 자비에서 나온 지식이 추구하는 바는 창조 세계의 착취와 조작이 아니라, 세계와 자신의 화해다. 자비를 동기로 가진 지성은, 마음이 사랑을 향해 뻗어 가듯 지식을 향해 뻗어 간다. 여기서 앎의 행위는 **곧** 사랑의 행위이며, 타자의 실재(reality) 속으로 들어가 그것을 포용하는 행위, 타자로 하여금 자신의 실재 속으로 들어와 그것을 포용하도록 허락하는 행위다. 이러한 앎에서는, 우리는 하나된 공동체의 지체들로서 남을 알고 나를 알리며, 우리의 앎은 공동체의 유대를 다시 엮어 주는 방법이 된다.

우리의 영적 유산은 단순히 앎은 **마땅히** 사랑에서 시작되어야 한다고 주장하는 것은 아니다. 물론 당연한 주장이긴 하지만 말이다. 그러나 그러한 주장은 단순한 훈계에 불과하며, '마땅한 의무들'을 가지고 공격을 가하여 지식의 진행 방향을 수정시키려는 또 다른 헛된 시도일 뿐이다. 우리의 영적 전통은 좀더 깊이 있고 본질적인 주장을 한다. 지식의 기원은 **곧** 사랑이다. 다시 말해, 알고자 하는 우리 욕구의 가장 깊은 원천은 다름 아니라 세계가 처음 창조되었던 당시의 유기적 공동체를 재창조하려는 열정, 바로 그것이다.

우리가 창조 세계를 분열시키고 정복하는 데 사용해 왔던 지성들은 본래는 다른 목적을 위해 우리에게 주어진 것이다. 즉, 실재의 공동체적 본질을 인식하게끔 해주고, **그 자체가** 사랑인 앎을 통해 격리와 소외를 극복하며, 지력을 발휘해 삶의 연대성을 인정하고 갱신하는 데 이르기 위한 것이다. 현대 지식의 실패는 일차적으로는 윤리의 실패 즉 아는 것을 적용하는 문제에서 실패한 것이 아니다. 오히려 그것은 지식의 좀더 깊은 원천과 열정을 인정하고 추구하지 못하고, 우리의 지식이 창조하는 관계들—자기 자신, 이웃, 전체 유·무생물 세계와의 관계—에 사랑이 거하도록 하지 못한, 앎 자체의 실패다.

이러한 사랑은 부드럽고 감상적인 덕목도 아니며, 몽롱한 낭만적 느낌도 아니다. 영적 전통에서 말하는 사랑이란 '혹독한 사랑'으로서, 바로 실재의 연결 조직이다. 그러나 우리는 이를 피해 달아나려 하는데, 왜냐하면 우리는 그것이 우리 삶에 요구하는 바를 두려워하기 때문이다. 호기심과 지배욕은 이웃과 세계로부터 우리를 떼어 놓는 지식을 만들어 내며, 우리로 하여금 우리가 아는 것을 노리개로 사용하도록, 제멋대로의 잣대를 가지고 살도록 만든다. 그러나 사랑에서 발원하는 지식은 우리를 삶의 그물망에 연루시킨다. 그 지식은 자비 안에서, 변화시키는 기쁨의 끈과 더불어 엄숙한 책임 의식의 끈으로 앎의 주체와 대상을 함께 묶는다. 그 지식은 우리를 관련성, 상호성, 책임성으로 부른다.

도스토예프스키는 "행동하는 사랑은 가혹하고 무서운 것이다"라고 말한 바 있는데, 실제 그럴 수 있다. 사랑에서 발원하는 지식은 우리에게 자신이 아는 바를 위해 변화할 것을, 심지어 희생할 것을 요구할 수 있다. 호기심과 지배욕을 따르기란 쉬운 일이지만, 사랑하기란 어려운 일이다. 그러나 만일 우리가 깨어진 이 세계를 다시 묶어 낼 지식을 갖고자 한다면, 우리는 그러한 더 깊은 열정을 추구해야만 한다. 우리는 우리의 영적 전통으로부터 사랑의 행위로서의 앎의 모델과 방법들을 회복시켜야 한다.

'앎의 모델과 방법'은 다소 추상적인 주제로 들릴 수 있으나, 그것은 우리의 일상 생활 속에서 아주 구체적인 형태를 취하고 있다. 그 모델과 방법들은 우리의 교육 방식 속에, 또 우리 모두가 접하는 공식적·비공식적 교육들 안에 제도화되어 있다. "그 날 이후"의 그 끔찍함, 나 자신의 과오 그리고 카네기 연구 조사에 나타난 학생들의 왜곡된 세계관은 모두 부분적으로 우리가 가르치고 배우는 착취적 지식의 작품들이다. 어떻게 하면 우리가 앎을 배우는 장소가 또한 사랑함을 배우는 장소가 될 수 있을까? 어떻게 하면 우리는 '그 날 이후'가 전쟁이 아닌 자비의 시대가 되도록 교육할 수 있을까? 나는 우리가 앎과 가르침과 배움의 영적 기반을 회복하고자 노력할 때 이에 대한 몇몇 대답을 찾을 수 있다고 믿는다.

기도 충만한 교육

'교육의 영성'을 개발하려는 시도는 어떤 것이든 위험으로 가득 차 있다. 그것은 수많은 저항과 왜곡과 오해를 불러일으킨다. 교육은 과학이나 경제같이 현실적인 실재를 다루는 반면, 영성은 실재조차 의심스러운, 눈에 보이지 않는 세계에 관한 것으로 여겨지고 있기 때문이다. 미국에서는 많은 학교들이, 시민들에게 종교적 주장을 강요하는 것을 법으로 금지하는 주(州) 정부의 지원을 받고 있다. 영적 생활을 돕는 일은 가정이나 교회가 하는 일로 여겨진다. 따라서 교육의 영적 기반을 회복하려는 시도는 어떤 것이든 성과 속, 공과 사, 교회와 국가 사이에 세워진 엄연한 분리에 대한 반동으로 여겨진다.

이 책이 제기하려는 도전이—그리고 그것의 중심적 아이러니가—무엇인지를 설명할 수 있는 예로, 현재 끝없는 논쟁중에 있는 학교 내의 기도 문제를 들 수 있다. 많은 사람들이 교육에서 '종교성'을 회복하기를 갈망하고 있으며, 그래서 그들은 교실에서 소리내어 기도하는 것을 허용하는 법안을 통과시키고자 애쓰고 있다. 그러나 나는 그들의 견해에 동조할 수 없다. 교실에서 소리내어 기도하는 것은 우리 다원주의 사회에서는 더 이상 존재하지 않는 합의를 억지로 강제하는 것이며, 그렇다고 누구나 받아들일 만한 말로 모호하게 기도하는 것은, 내 기준으로 볼 때는 전혀 기도가 아니다.

내가 그들의 주장을 지지할 수 없는 것은, 그들이 (피상적으로) 다루고 있는 그 문제에 대해 너무 깊이 염려하기 때문이다. 지금 우리 문화는 병들어 있다. 이는 보이는 세계를, 그것을 지지해 주고 활력을 주는 힘들로부터 엄격하게 분리시킨 데서 생겨난 병이다. 그러한 분리는 치유와 희망과 온전함의 원천을 봉쇄시켜 버렸고, 따라서 우리의 삶을 축소시키고 있다. 그러므로 우리는 관습적 교육의 발단 역할을 하는 경건한 기도 정도에 결코 만족할 수 없다. 대신, 우리는 사랑의 힘이 우리가 가르치는 지식 자체를, 우리가 가르치고 배우는 방식 자체를 변화시키도록 해야 한다.

나는 소리내어 하는 기도 시간을 허용하는 법안에는 반대하면서, 대신 철저하게 기도로 충만한 앎과 교육 방식을 요청하고자 한다. 그렇다면 여기서 내가 말하는 기도란 무엇인가? 그것은 바로 관계성의 실천을 의미한다.

우선, 기도란 자신과 타인, 인간과 인간 외의 것, 보이는 것과 보이지 않는 것이 한데 얽혀 있는 저 광대한 생명 공동체 속으로 들어갈 수 있는 능력을 말한다. 감각은 구별짓고 지성은 분석하는 반면, 기도는 삶의 하나됨을 인정하고 재창조한다. 나는 기도를 통해, 더 이상 나 자신을 다른 이들과 세계로부터 분리시키지 않으며, 자기 욕망의 만족을 위해 그들을 조작하지 않는다. 대신, 나는 관계를 향해 손을 내밀어 스스로 상호성과 책임성의 끈을 느끼며, 공동체를 하나로 결합시켜 주는 초월적 중심을 앎으로써, 공동체 안에 내 자리를 잡는다.

또한 기도란 내가 그 결합시켜 주는 중심을 향해 나아갈 때 그 중심이 또한 나를 향해 나아온다는 사실에 자신을 연다는 의미이기도 하다. 내가 실재의 중심(heart)을 향해 움직여 갈 때, 또한 실재가 나의 마음(heart)을 향해 움직여 온다. 내가 삶의 하나됨을 회상할(recollect) 때, 삶이 또한 나를 본래의 온전함으로 다시 모아 준다(recollect). 나는 기도를 통해, 만물의 핵심부에 있는 사랑에 말을 걸 뿐 아니라, 또한 그 사랑이 내게 말을 걸어와 나를 격리와 자기 중심성으로부터 공동체와 자비로 불러들이는 소리를 듣는다. 나는 기도를 통해, 내가 앎의 주체일 뿐 아니라, 또한 누군가의 앎의 대상이기도 하다는 것을 깨닫기 시작한다.

여기에 영적 체험에 대한 가장 핵심적인 통찰이 있다. 우리를 창조했으며 지탱하고 있는 그 사랑이 우리 각자를 세세하고 깊숙이 알고 있으며, 그 사랑이 아는 바 된 우리는 우리가 의존하고 또한 우리에게 의존하는 창조 세계 공동체의 지체들이라는 것, 바로 그것이다. 이 사랑은 우리의 가능성뿐 아니라 한계도, 선을 향한 우리의 역량뿐 아니라 악을 향한 역량도, 이기적인 목적을 위해 공동체를 착취하는 우리의 고질적 자기 중심성도 알고 있다. 그러나 사랑이기에 그것은 우리를 가두거나 조작하려 들지 않는다. 오히려 그 사랑은 우리에게 한이 없는 은혜로 자기 지식과 용납을 주어, 우리를 더 큰 사랑의 삶으로 해방시켜 준다.

우리는 기도를 통해 사랑이 우리 자신을 알도록 허락하며, 자유와 구원을 가져오는 자기 지식을 받아들인다. 기도를 통해 우리는 같은 사랑의 방식으로 다른 사람들과 세계를 아는 법을 배운다. 기도에 흠뻑 젖은 지성은 더 이상 분리와 정복, 조작과 지배를 목적으로 사고하지 않는다. 이제 사고는 사랑의 행위, 공동의 유대를 인정하고, 창조된 공동체 속에서 자신의 올바른 역할을 담당하기 위한 방법이 된다.

이러한 사랑 안에서 하는 교육에 관심이 있었던 토머스 머튼(Thomas Merton)은 다음과 같이 말한 바 있다. "교육의 목적은 한 사람에게, 자신과 세계의 관련성 속에서 자기 자신을 진정으로 그리고 자발적으로 정의하는 법을 보여 주는 것이다. 세계가 이미 가공해 놓은 정의나, 그 개인이 멋대로 만들어 내는 정의를 부여하는 것이 아니다."[6] 머튼의 말은, 자아와 세계가 교육의 대주제이며 자유와 진리가 그 대 목표인, 세속적이고 인본주의적인 전통을 염두에 두고 있다. 교육이 기도로 충만하지 않을 때, 즉 교육이 초월성에 중심을 두지 않을 때, 교육은 자아와 세계 사이에 진정하고 자발적인 관계성을 창조하는 데 실패한다. 그러한 교육은 자아와 세계로 하여금 서로를 미리 가공된 정의들 속에 감금시키도록 만들 뿐이며, 이러한 정의에서는 자유도 진리도 생겨나지 못한다.

교육이 자아와 세계를 초월적 원천으로부터 떼어놓으면, 자아와 세계는 서로를 자신의 형상대로 창조하려는 끝없는 힘겨루기 속에 갇혀 버리고 만다. 사랑에게 그들 자신을 알도록 허락하지 않는 자아와 세계는 왜곡된 자아상을 갖고 있기에, 그러한 힘겨루기는 늘 부자유와 비진리만을 낳을 뿐이다. 그러한 교육은 자신의 내면에 있는 왜곡을 세계에 강제하는 사람들을 낳거나, 세계가 자신을 왜곡시키는 것에 굴복해 버리는 사람들을 낳을 뿐이다.

자아는 자기 투사를 통해 세계를 창조해 낸다. 예를 들어, 세상의 많은 폭력은 우리 내면에 있는 폭력이 외적 행동으로 나타난 것이며, 우리 내면에 있는 마귀들을 '바깥으로' 투사함으로써 없애려는 시도다. 우리는 자신의 내면에 도사린 적의 위협을 잊기 위해 외부의 적들[그것은 러시아인, 아시아인, 흑인 혹은 WASP(미국 사회의 주류를 형성하고 있는 앵글로 색슨계 백인 신교도―역주) 등이 될 수 있다]을 만들어 낸다. 더 교묘하게는, 자아는 세계를 자신의 인식 능력의 한계 안에 강제로 밀어넣음으로써 세계를 창조하기도 한다. 만일 우리가 감각과 논리로 파악 가능한 것들만 알 수 있다면, 실재는 그러한 좁디좁은 술어들로 축소되고 만다.

세계는 조건화를 통해 우리의 자아를 창조해 낸다. 지금 교육이 그토록 몰두하고 있는 바로 그 조건화 체제를 통해서 말이다. 물리-화학적 체제에서는, 세계는 우리를 육체적 필요와 욕망의 지배를 받는 존재로 만들어 낸다. 정치 체제에서는, 세계는 우리를 권력의 착취자 혹은 희생자로 빚어 낸다. 사상의 체제에서는, 세계는 우리를 머리만 가진 존재로 만들어 낸다. 그런데 교육은 이런 모든 방식들과 그 밖의 다른 방식들로 세계를 보고 있으며, 더구나 그것을 소위 '학문 분야'로 산산조각 내면서 통일을 위한 시도는 거의 하지 않고 있기에, 마침내 우리는 스스로를 조각난 세계만큼이나 통일성 없는 존재로 이해하게 되고 말았다.

우리는 오직 자아와 세계를 초월함으로써만, 머튼이 말하는 진정성과 자발성, 진리와 자유를 발견할 수 있다. 자아와 세계로 하여금 끝없는 힘겨루기 속에서 서로 물고 물리도록 놔두면서 그들의 닫힌 논리 속에 계속 갇혀 있는 한, 우리에게 다른 선택의 여지는 없다. 우리는 지배하든지 지배당하든지 둘 중 하나다. 그러나 우리가 기도 안에서 접하게 되는 생명의 원천으로부터 자아와 세계를 알게 될 때—그리고 우리의 기도를 통해 그 원천으로 하여금 우리를 알도록 허락할 때—우리는 비로소 상호 지배의 순환에서 자유로울 수 있으며, 세계와 다른 사람과 우리 자신을 자유롭게 사랑할 수 있다. 이러한 초월성 안에서의 교육은 삶의 외관을 넘어 삶의 숨어 있는 실재들을 보도록 우리를 준비시켜 준다. 사실을 넘어 진리를, 자기 이익을 넘어 자비를, 쇠약한 정열과 지긋지긋한 절망을 넘어 창조 세계 공동체를 갱신하는 데 필요한 사랑을 보도록 말이다.

우리는 초월을, 자아와 세계의 실재들로부터 벗어나 위로 혹은 밖으로 도피하는 것으로 생각하는 일반적인 경향을 거부해야 한다. 오히려 초월이란 사랑의 영이 우리 실존의 심장부로 뚫고 들어오는 것, 불어 들어오는 것, 우리로 하여금 자신과 세계를 전보다 더 큰 신뢰와 희망을 가지고 보도록 말 그대로 '영을 불어넣는 것'(in-spiration)이다. 초월을 경험하는 것은 벗어나는 것이다. 자아와 세계로부터 벗어나는 것이 아니라, 그 둘이 서로를 끝없이 반영하고 결정하는 마주 선 거울들의 방으로부터 말이다. 기도는 우리를 밖으로 끄집어낸다. 자아와 세계 밖으로가 아니라, 그들의 닫힌 순환 논리 바깥으로 말이다.

우리의 교육과 지식이 이렇듯 완전히 기도로 충만해진다면, 우리는 이 '고학력' 사회에 만연한 냉소주의와 폭력의 물결에 대항하는 거대한 역류를 창조해 낼 수 있을 것이다. 초월성 안에서 형성된다면, 물리학의 지식은 지구의 생태를 파괴하는 도구로 쉽게 전환되지 않을 것이고, 사회과학의 통찰들도 상호 신뢰를 부수어 버리는 사회적·정치적 조작 프로그램으로 쉽게 변환되지 않을 것이며, 인문학도 우리 공동의 삶을 경멸하는 교양인을 쉽게 낳지 않을 것이다. 초월성 안에서 교육은 우리를 자비와 위대한 공동 창조 사역을 향해 가게 해줄 것이다.

얼굴을 맞대고 보는 앎

지금까지는 영성에 관해 그저 일반적인 용어로 말했지만, 이제 더 구체적으로 말해야겠다. '일반적인 영성' 같은 것은 사실상 존재하지 않기 때문이다. 모든 영적 추구는 특정 문헌과 관습 그리고 신앙 공동체의 인도를 받으며 또 마땅히 받아야 한다. 이미 나는 초월에 대한 정의를 내리면서 이 책이 근거하고 있는 원천을 시사한 바 있다. 그것은 바로 기독교 전통이다. 기독교 전통의 중심 주장은, 하나님이 우리를 우리 자신과 우리 세계 바깥의 천상의 영역으로 데리고 들어가신다는 것이 아니라, 우리 자신과 우리 세계를 있는 모습 그대로 드러내시기 위해 하나님이 우리 가운데로 들어오셨다는 것이다. "말씀이 육신이 되어 우리 가운데 거하시매…은혜와 진리가 충만하더라"(요 1:14). 이 움직임을 통해 영과 물질이 하나로 융합되었고 온전하게 되었다. 즉, 성과 속 사이에 존재했던 분리가 극복되었으며, 자아와 세계 속에 초월적 가능성이 즉 사랑의 가능성이 충만히 스며들게 되었다.

기독교 전통에서 말하는 진리는 '타당한' 개념이 아니라, 살아 있는 성육신이다. 우리의 지식이 추구하는 '말씀'은 언어적 구성물이 아니라, 역사 속에서 구체적인 육신을 가지는 실재다. 기독교 전통에 따르면, 진리는 인격적 술어, 즉 자신이 "길이요 진리요 생명"이라 말씀하신 분의 술어로 구현되는 것이다. 관습적 교육은 추상적 · 비인격적 사실과 이론을 다루는 반면, 기독교 영성에 의해 형성된 교육은 우리를 성육신적 · 인격적 진리로 이끈다. 우리는 이 교육 안에서 세계를 단순히 논리적으로 결합된 경험적 대상들의 객관화된 체계로서 인식하는 것이 아니라, 인격적인 관계를 맺고 반응하는 유기적 몸으로서, 창조성과 자비가 있는 살아 있고 성장하는 공동체로서 인식하게 된다. 이런 종류의 교육은 자신의 목적대로 삶을 조작하기 위해 사실을 가르치고 논리를 배우는 것 이상을 의미한다. 그것은 우리가 서로에 대한 그리고 우리 모두가 속해 있는 이 세계를 향한 인격적 반응성과 책임성 속으로 이끌려 들어가는 것을 의미한다.

이러한 주제들에 대한 가장 시적인 표현은 고린도전서 13장, 사랑에 관한 바울의 유명한 가르침에 나온다.

내가 인간의 여러 언어를 말하고 천사의 말까지 한다 하더라도 사랑이 없으면 나는 울리는 징과 요란한 꽹과리와 다를 것이 없습니다. 내가 하나님의 말씀을 받아 전할 수 있다 하더라도 온갖 신비를 환히 꿰뚫어 보고 모든 지식을 가졌다 하더라도 산을 옮길 만한 완전한 믿음을 가졌다 하더라도 사랑이 없으면 나는 아무것도 아닙니다.…

사랑은 오래 참습니다. 사랑은 친절합니다. 사랑은 시기하지 않습니다. 사랑은 자랑하지 않습니다. 사랑은 교만하지 않습니다. 사랑은 무례하지 않습니다. 사랑은 사욕을 품지 않습니다. 사랑은 성을 내지 않습니다. 사랑은 앙심을 품지 않습니다. 사랑은 불의를 보고 기뻐하지 아니하고 진리를 보고 기뻐합니다. 사랑은 모든 것을 덮어주고 모든 것을 믿고 모든 것을 바라고 모든 것을 견디어냅니다.

사랑은 가실 줄을 모릅니다. 말씀을 받아 전하는 특권도 사라지고 이상한 언어를 말하는 능력도 끊어지고 지식도 사라질 것입니다. 우리가 아는 것도 불완전하고 말씀을 받아 전하는 것도 불완전하지만 완전한 것이 오면 불완전한 것은 사라집니다. 내가 어렸을 때에는 어린이의 말을 하고 어린이의 생각을 하고 어린이의 판단을 했습니다. 그러나 어른이 되어서는 어렸을 때의 것들을 버렸습니다. 우리가 지금은 거울에 비추어 보듯이 희미하게 보지만 그 때에 가서는 얼굴을 맞대고 볼 것입니다. 지금은 내가 불완전하게 알 뿐이지만 그 때에 가서는 하나님께서 나를 아시듯이 나도 완전하게 알게 될 것입니다.

그러므로 믿음과 희망과 사랑, 이 세 가지는 언제까지나 남아 있을 것입니다. 이 중에서 가장 위대한 것은 사랑입니다(공동번역).

바울의 말이 기록된 지 2,000년이 지난 오늘, '그 날 이후' 시대를 사는 우리는, 우리가 지금 가진 지식은 '불완전하다'는 바울의 말, "완전한 것이 오면 불완전한 것은 사라진다"는 바울의 말이 얼마나 참된 것인지를 실감한다. 또한 그는 그러한 실패의 근원도 정확히 지적해 준다. 그는 우리의 지식을 거울에 비추어진 희미한 반영에 비유했던 것이다. 그것은 끊임없이 서로를 형성시키고 지배할 기회를 노리는 자아와 세계가 만들어 낸 반영, 세계와 우리 자신을 왜곡시키는 반영들이다.

그러나 바울은 비판을 넘어, 마땅히 우리가 추구해야 할 지식의 이미지가 무엇인지도 보여 준다. "그 때에 가서는 얼굴을 맞대고 볼 것입니다." 이것이 바로 기독교 영성이 얻게 하는 인격적 지식, 우리를 세계로부터 떼어놓는 것이 아니라 공동체 속으로, 얼굴과 얼굴을 맞대는 관계 속으로 인도해 들이는 지식이다. 치유와 온전함을 가져오는 지식은, 우리가 창조 세계를 볼 뿐 아니라 또한 창조 세계로 하여금 우리를 보도록 허락할 때, 자연을 탐구할 뿐 아니라 또한 자연으로 하여금 우리를 탐구할 것을 허락할 때 비로소 찾아올 것이다. 바울의 말에 따르면 이러한 지식이야말로 완전한 지식이다. 왜냐하면 "그 때에 가서는 하나님께서 나를 아시듯이 나도 완전하게 알게 될 것"이기 때문이다. 그 때는, 우리 지식의 '대상'은 더 이상 대상이 아니라, 인격적 얼굴을 가진 존재, 존재의 공동체 안에서 우리와 관계를 맺으며 우리를 상호성과 책임성으로 부르는 존재가 될 것이다. 릴케(Rilke)

가 했던 말처럼 될 것이다. "…당신이 어디에 있든, 지금 그 곳은 당신을 쳐다보고 있다—당신의 삶은 달라져야 한다."

그러나 바울은 지금 우리는 두 시기 사이에 있는 존재, 우리 삶을 왜곡시키는 희미한 지식과 우리를 온전히 아는 진리 사이에 있는 존재임을 안다. 그러기에 바울은 우리에게 지식의 가장 깊은 원천—사랑—을 추구하라고, 그것이 우리의 앎과 존재의 방식을 변화시키도록 하라고 강권한다. 이 사랑은 "오래 참습니다.…친절합니다. 사랑은 시기하지 않습니다.…자랑하지 않습니다.…교만하지 않습니다." 사랑으로 변화된다면, 우리는 자신의 힘을 주위 세계에 오만하게 강제하지 않으며, 세계가 우리를 정복하도록 허락하지도 않는다. 사랑으로 변화된다면, 우리는 우리가 본래 창조된 모습인 공동체를 회복하고 재창조하는 일과, 우리를 아시는 그 영 안에서 우리도 세계를 아는 일에 지성을 사용할 것이다.

2 ● 영성 형성으로서의 교육

수도원 훈련과 학교

창세기는 인류가 본래 '하나님의 형상' 즉, 사랑의 형상대로 형성되었음(formed)을 말해 준다. 그러나 신화에서 인간 역사로 옮겨 오면, 우리 안의 하나님의 형상은 점차 희미해지거나 망각되거나 왜곡되거나 흐릿해진다. 출생하는 순간부터 여러 다른 세력들이 우리 영혼에 하나님 아닌 다른 것들의 형상을 새기기 시작한다.

영성 공동체들은, 인류 역사와 우리 자신의 생애에서 나타나는 무수한 분열과 파괴와 죽음의 증거들 속에서 사랑의 실재를 긍정하기란 얼마나 어려운 일인지를 오래 전부터 인식해 왔다. 그래서 그들은 우리가 숨겨진 듯 아득해 보이는 사랑의 형상을 다시 찾고 회복하게끔 해주는, 그래서 자아와 세계의 왜곡(deformation)에 저항할 수 있도록 해주는, 여러 가지 영성 훈련과 매일의 훈련 지침들을 발전시켜 왔다. 우리는 이러한 훈련을 통해 우리가 창조된 본연의 형상대로 재형성되기를(re-formed) 추구한다.

이러한 훈련은 특히 수도원에서 강조되었다. 수도원은 영성 공동체의 고대 형태로서, 오늘날 학교들의 역사적 뿌리 중 하나이며, 이로부터 우리는 영성 형성 과정으로서의 교육의 의미를 회복할 수 있다.[1] 나는 그 겉모습이 주는 인상과는 달리 수도원 전통으로부터 세 가지 영성 훈련, 즉 우리를 사랑의 실재와 계속 접촉하게 해주는 세 가지 방법에 대해 배웠다. 바로 신성한 문헌들에 대한 연구, 기도와 관상 훈련 그리고 공동체의 공동 생활이다.

나는 신성한 문헌들(sacred texts)을 연구하면서 영적 전통 및 앞서간 사람들이 추구하고 발견한 것들과 접촉한다. 나는 이 문헌들을 통해 나보다 더 깊은 영적 통찰을 가졌던 사람들의 시대로 돌아가, 현대에 와서는 희미해진 진리들을 다시 거두어들인다. 또한 비록 오래 전에 죽었지만 영적으로는 지금 우리보다 더 생생하게 살아 있는 사람들을 영적 여정의 벗들로 만나게 된다. 이렇듯 신성한 문헌을 연구하는 것은 전통의 항구한 힘을 통해 내 마음과 지성을 현 시대가 가하는 왜곡을 거슬러 재형성시켜 준다.

또한 나는 기도와 관상을 통해 형성된다. 이는 우리를 전통 너머의 모든 영적 삶의 살아 있는 원천으로 데려가 주는 훈련이다. 나는 기도와 관상을 통해 그러한 원천—전통은 그것에 대한 증언에 불과하다—에 대한 직접적이고 개인적인 체험을 추구한다. 연구가 자칫 나를 그저 다른 사람들의 영적 삶에 대한 관찰자로 남게 만들 수 있다면, 기도와 관상은 나를 참여자가 되도록 해준다. 즉 다른 사람들은 다만 가리켜 줄 수 있을 뿐 결국 내가 스스로 만지고 맛보아야 하는 진리를 추구하도록 이끌어 준다. 나를 사랑의 형상으로 형성시켜 주는 것이 연구라면, 기도는 형상화 그 이상의 것인 사랑 자체를 받아들이도록 나를 열어 준다. 다시 말해, 기도는 사랑에 대한 수용성—이것이 바로 영적 여정의 핵심이다—을 갖도록 나를 형성시켜 준다.

나는 영성 공동체의 공동 생활을 통해서, 연구와 기도의 고독을 벗어나 친교와 관계의 훈련으로 인도된다. 공동체는 나의 주관적 왜곡을 막아 주는 제어 장치다. 즉, 공동체는 신성한 문헌들의 의미를 해석하는 것을 도와주며, 기도 체험을 안내해 준다. 그러나 또한 공동체 생활은 삶 속의 사랑의 열매들을 지속적으로 시험하고 제련하는 과정이기도 하다. 나는 다른 사람들과의 관계를 통해, 영적 성장의 척도인 평화와 기쁨, 겸손과 섬김을 삶으로 실천할 수 있게(혹은 그렇지 못한 자신을 발견할 수 있게) 된다. 공동체 생활은 상호 격려와 상호 시험의 훈련이며, 나를 찾아오는 사랑, 또 내가 추구하는 사랑에 대해 정직하며 희망을 갖도록 도와준다.

이러한 세 가지 영성 훈련과 현 교육 기관이 하고 있는 일들은 완전히 동떨어진 것으로 보일 것이다. 그러나 지금의 학교가 수도원의 흔적을 완전히 잃어버린 것은 아니다. 이 세 가지 훈련 각각의 자취가 여전히 남아 있다. 이 사실을 이해하면, 우리는 세속 교육도 숨은 형태의 영성 형성이라는 사실을 깨닫게 된다. 교육의 영성을 계발하고자 하는 나의 노력은, 현 교육 과정에 새롭고 낯선 개념을 억지로 부과하는 것이 아니다. 오히려 나는 현 교육이 지금 행하고 있는 정규 훈련의 잊혀진 뿌리와 의미를 상기시키려는 것이다.

현재의 학교 안에는 신성한 문헌 연구와 유사한 것이 분명히 있다. 학생들은 독서를 하면서, 그 책들이 제시하는 자아와 세계에 관한 관점들을 통해 형성된다. 물론 현 세속 사회의 '신성한 문헌들'은 영적 전통에서 신성하게 여겨 온 책들과 다르다. 그러나 그 책들이 현 세속 사회에서 '신성하게' 여겨지고 있는 것은 분명하다. 왜냐하면 그 책들은, 명시적이 아니라면 행간에라도, 궁극적 실재에 대한 우리의 관점을 보여 주는 단서들을 담고 있기 때문이다. 영적 관점에서 볼 때, 궁극성에 대한 현대 물리학, 사회학, 분석 철학의 주장에는 문제가 있으나 그것은 지금 여기서 내 관심사가 아니다. 다만 지금도 우리는 이러한 과목들을, 학생들이 'disciple'(제자)로서 수행해야 할 'disciplines'(훈련/학과)라고 부르고 있다는 사실을 지적하고 싶다. 우리 학생들은 학과들에 담겨 있는 자아와 세계에 대한 이미지들을 통해 형성되고 있다.

기도와 관상 훈련에 해당하는 것 또한, 그리 명백하지는 않지만, 분명 세속 사회에 존재한다. 기도와 관상 훈련이 추구하는 목적은 사물의 외관을 꿰뚫어 보는 것, 표면을 꿰뚫고 그 내부에 존재하는 것에 닿는 것이다. 세속 교육에서는 이러한 목적을 위해 조사와 분석, 다양한 실험적 연구와 논리적 사고가 사용된다.

만일 사물의 본질이 외양과 일치한다면, 교육은 전혀 필요치 않을 것이다. 교육은 사물의 외관을 꿰뚫어 보기 위해 사실과 이성에 의존한다. 세계의 구성 요소들을 분석하는 과학의 힘, 그 요소들 간의 관계에서 이성적 질서를 발견하는 지성의 힘에 의존하는 것이다. 기도와 분석은 추구하는 목적이 다르다. 분석은 세계를 각 요소로 쪼개는 것을 목적으로 하는 반면, 기도는 그 요소들을 넘어 그 밑에 깔린 관계성을 보는 것을 목적으로 한다. 그러나 기도와 분석은 둘 다 세계의 속을 분명히 들여다보기를 추구한다는 점에서는 일치한다. 이러한 의미에서 보면, 수도원뿐 아니라 학교도 영성 형성을 위한 관상 훈련을 하고 있는 것이다.

마지막으로, 영성 공동체의 공동 생활에 해당하는 것은 현 교육 기관들 안에 명백히 존재한다. 학문 사회는 나름의 상벌 제도를 가진 문화 전체를 통해 우리의 자아관과 세계관에 영향을 끼친다. 사실, 학교 내의 여러 규칙과 관계들은 '숨은 교육과정'을 이루고 있으며, 그것은 학교 요람에 인쇄된 공식 교육과정보다 학습자들의 삶에 더 큰 형성적 힘을 행사할 수 있다. 어떤 경영대학원에서 '팀 경영'과 '공동 작업 방식'(collective work style)을 정규 교과로 가르친다고 하자. 그러나 만일 그 학교의 문화가 학생들에게 경쟁을 통해 그 과목에서 살아 남기를 요구한다면, 그 학교에서 실제로 가르치고 배우는 과목은 협동이 아니라 경쟁이다. 이렇게 학문 사회 내의 여러 관계들은 수없이 많은 방법을 통해 학생들의 마음과 지성을 형성시키며 그들의 자아 인식, 세계와의 관계에 영향을 끼친다.

지식의 여러 이미지들

내가 받은 정규 교육은 15년 전에 끝났지만, 나는 지금도 그것이 내 삶을 형성한 영향력 아래 있다. 교과서를 통해 터득한 지식 체계는 나의 직업 진로를 결정했으며 내 재능과 정력을 어떻게 사용할지 규정해 주었다. 관찰과 분석 기술을 배움으로써 관습과 외양으로부터 어느 정도 자유를 얻을 수 있었으며, 이를 통해 사고와 행동의 독립성을 얻을 수 있었다. 나는 학문 사회의 경쟁에서 살아 남음으로써 '성공적인' 자아상을 갖게 되었으며, 자신만만하게 성인기를 시작할 수 있었다 (그러나 그 후 나의 자아상은 연신 난타를 당했고, 자기 확신을 위해서는 성공이 줄 수 있는 것보다 더 깊은 원천이 필요했다).

그러나 지금에 와서 깨닫는 것은, 내가 받은 교육은 나의 자아 인식과 세계 인식에 훨씬 더 깊은 충격(impact)을 행사했다는 것이다. 사실, 여기서 '충격'은 적절한 단어가 못 된다. 왜냐하면 '충격'이란 무언가 급작스럽고 강제적인 것, 우리에게 닥치면 그저 당할 수밖에 없는 어떤 것을 암시하기 때문이다. 그러나 내가 말하는 것은 아주 서서히, 포착하기 어렵게, 또 거의 무의식적으로 진행되는 형성 과정으로서 마치 흐르는 강물이 오랜 시간을 두고 바위의 모양을 바꾸어 놓는 방식과 같은 것이다. 교과서 공부, 관찰과 분석, 공동체 생활 등의 훈련은 그 강물이 흐르는 길이라고 할 수 있다. 그렇다면 그 강물의 본질은 무엇인가?

교육이 끼친 가장 심원한 영향은, 내게 '앎의 주체'(knower)라는 정체성을 부여해 주었다는 데 있다. "나는 누구인가?"라는 질문에 교육은 "너는 무언가를 아는 존재다"라고 대답해 주었다. 교육을 통해 얻게 된 지식은 단순히 직업을 위한 도구 이상이었다. 그것은 앎의 주체로서 자기 이해의 원천이 되었다. 동시에 교육은 내가 살고 있는 이 세계에도 정체성을 부여해 주었다. "세계란 무엇인가?"라는 질문에 교육은 "세계란 너의 지식이 그려내는 모습이다"라고 말해 주었다. 즉, 세계의 범위는 세계에 대한 내 지식의 범위와 동일한 것이 되어 버렸다. 세계에 대한 내 지식이 곧 세계 자체가 되어 버린 것이다. 그리고 이렇게 나 자신과 세계에 대한 그림을 제공해 준 지식은 그 둘 사이의 관계도 정의해 주었다. 그 지식은 세계를 나의 힘 아래 있는 존재로 그렸던 것이다. 교육은 자아를 **앎의 주체**(knower)로, 세계를 **앎의 대상**(known)으로 그린다. 또 그 둘 사이의 **관계**를 조정하여, 앎의 주체로서의 자아에게 앎의 대상으로서의 세계에 대한 우월성을 부여한다.

그러면 앎의 주체의 특징은 무엇인가? 앎의 대상의 특징은 무엇인가? 그리고 그 둘 사이의 관계의 특징은 무엇인가? 이러한 질문들은 **인식론**(epistemology)이라 불리는 학문 분야에 속한다. 인식론은 앎의 역학에 대해 탐구하는 추상적이고 때로는 너무 난해한 학문이다. 이 긴 단어는 일상 대화에서는 사용되는 법이 없으며, 그 통찰도 일상적 삶과는 거리가 멀어 보인다. 학생 때 인식론 과목을 몇 번 수강했는데, 너무 지루하고 무의미해 보였다.

그러나 이제는 인식론의 패턴이 우리가 삶의 패턴을 해독하는 데 도움을 줄 수 있음을 깨닫는다. 앎의 주체와 대상 그리고 그들의 관계에 대해 인식론이 제공해 주는 이미지들은 교육받은 개인의 사고 방식뿐 아니라 행동 방식에도 형성적 영향을 끼친다. 지식의 양태는 곧 삶의 양태가 된다. 즉, 앎의 주체가 앎의 대상과 맺는 관계는 곧 살아 있는 자아가 자기보다 큰 세계와 맺는 관계다. 어찌 그렇지 않을 수 있겠는가? 자아는 자아에 대한 우리의 지식과 무관할 수 없고, 세계 역시 세계에 대한 우리의 지식과 무관할 수 없기 때문이다. 앎을 통해 우리가 세계와 관계를 맺는 방식은 곧 삶에서 우리가 세계와 관계 맺는 방식이 된다. 조금 달리 표현하자면, 우리의 인식론은 소리 없이 우리의 윤리로 탈바꿈한다. 우리 지식의 한가운데서 발견되는, 자아와 세계에 대한 이미지들은 또한 삶의 가치관 속에서도 발견될 것이다.

나는 가치 있고 신뢰할 만한 지식을 묘사하는 데 사용하는 핵심 단어-'사실', '이론', '실재', '객관적' 같은 단어들-를 살펴봄으로써 이러한 인식론적·윤리적 이미지 몇 가지를 밝히고자 한다. 우리가 쓰는 단어들의 이면과 그 뿌리에는, 현대적 용법 이상의 뜻을 말해 주는, 고래의 단어 그림들(word-pictures)이 묻혀 있을 때가 많다. 나는 그러한 뿌리를 캐내어 이미지를 밝힘으로써, 어떻게 인식론이 교육받은 자아 및 세계와 자아의 관계를 형성해 주는지를 보이고자 한다.

'사실'(fact)은 우리에게 필요불가결한 단어다. 이 단어 없이는, 우리가 높이 평가하는 종류의 지식을 묘사할 말을 사실상 잃어버리고 만다. '사실을 발견하려는' 노력을 통해 원시의 미신으로부터 현대 과학으로의 전환이 이루어졌고, 느낌과 직관과 신앙에 기초한 주관적 지식으로부터 감각에 의해 검증될 수 있는 객관적 지식으로의 전환이 이루어졌다.

'fact'는 '만들다'라는 의미의 라틴어 '파케레'(*facere*)에서 온 말이다. '만들다'라는 이미지는, '사실'이란 인간의 손에 의해 가공되는 것임을 시사한다. 'manufacture'(제작)나 'artifact'(가공품) 같은 단어들에서 아주 분명히 드러나듯이 말이다. 여기서 우리는 우리가 자신을 인식의 주체로 여긴다는 말의 핵심적인 의미를 발견한다. 즉, 지금 우리는 사실들을 가지고 살기 좋은 세계를 구축하는 일에 열심히 매진하고 있는 것이다.

'사실'에 대한 신뢰가 종교적 신앙이 쇠퇴함에 따라 자라났다는 것은 우연이 아니다. 여기서 종교적 신앙은 세계가 우리를 위해 창조되었다고 믿는 신앙을 가리킨다. 우리는 더 이상 자신을 세계를 선물로 받은 자로 보지 않는다. 더 이상 우리는 앎을, 그 선물을 받아들이고 경축하며 사용하는 방식으로 여기지 않는다. 이제 앎의 주체는 마치 건축가처럼 혼돈의 한가운데 서서 이 세계를 인간이 거하기에 알맞은 곳으로 만들려고 애쓰는 존재다. 이제 우리만이 유일한 창조자다. 우리는 우리의 사실들을 가지고 실재를 만들어 가며, 그러한 사실들로 만들어진 실재만이 유일한 실재다. 우리는 열심히 머리를 써서 세계를 건설하며, 자신의 힘과 성공에 대한 자부심을 품고 이 일을 한다. 그러나 이제 우리는 자부심과 아울러 두려움도 느끼고 있다. 왜냐하면 그러한 노력의 와중에 지성으로 만들어진 이 세계의 불안정성 또한 인식해 왔기 때문이다. 만일 실재가 인간이 만들어 내는 것이라면, 인간은 언제라도 그것을 허물어 버릴 수 있기 때문이다.

또 다른 핵심 단어는 '이론'(theory)이다. '사실'은 우리가 거할 수 있는 구조로 자동 배열되지는 않는다. 그래서 우리는 사실들을 정리하고 통합해 주는 연결 논리의 망으로서 이론들을 자아낸다. 이론은 이를테면 사실들의 세계를 엮어 주는 실이다.

'theory'는 '구경꾼'을 뜻하는 헬라어 '테오로스'(*theoros*)에서 왔으며, 극장 관객이 하는 종류의 구경이나 관찰을 뜻하는 여러 헬라어 단어들 중 하나다. 이 이미지는 현대인의 앎이 보여 주는 또 다른 특징 하나를 시사한다. 즉, 우리는 앎의 대상을 '저쪽', 무대 위에 있는 것으로 여기며 그것과 멀찍이 떨어진 채 관계를 맺는다. 우리의 지식은 우리를 앎의 대상과의 관계 속으로, 그 드라마에 참여하도록 이끌지 않는다. 오히려 우리의 지식은 우리로 하여금 서로와 세계에 대해 초연한 분석가, 논평자, 평가자로서 일정한 거리를 두게 만든다. 우리는 연극 관객처럼 마음껏 관람하고 박수를 치고 야유를 보낼 뿐, 우리 자신을 연극 줄거리의 필수적인 부분으로 여기지는 않는다.

나는 헬라인이 드라마를 삶의 불가결한 부분으로 여겼으며, 그저 구경거리가 아니라 영혼을 성숙시켜 주는 힘으로 여겼다는 것을 알고 있다. 그러나 헬라인과는 달리, 지금 우리는 객관성을 위해 관찰자와 관찰 대상을 엄격하게 구분한다. 헬라 관객은 그들 자신을 연극의 한가운데 놓을 수 있었던 반면―말 그대로, 연극(play)이 자신에게 '영향을 끼치도록'(play) 했던 반면―우리는 객관적 사실을 우리의 주관적 필요로 왜곡시킬까봐 우리 자신을 멀찍이 떼어놓는다.

'객관적'(objective)이란 말도 우리 앎의 방식에서 핵심적인 단어다. 그것은 영속 현재형 형용사로서, 지금 다루고 있는 모든 핵심 단어 앞에 쓰여서 거기에는 착오가 조금도 있을 수 없다는 뜻을 나타낸다. 객관적 사실, 객관적 이론, 객관적 실재 등. 만일 어떤 주장이 객관적이 아니라면 그것은 지식이 아니라 일종의 감정이나 편견에 불과한 것이 된다.

'objective'의 라틴어 어원은 '…에 맞서다, …에 반하다'는 의미를 가진다. 독일어에서 그것을 직역하면 '…에 대항하여 맞서다'라는 뜻이다. 이 이미지는 현대의 지식에 있는 또 다른 특질을 밝혀 준다. 즉, 현대의 지식은 우리를 타인 그리고 세계와 적대 관계에 둔다. 우리는 혼돈을 저지하기 위해, 실재를 재구성하기 위해, 혹은 다른 사람들이 만들어 놓은 구성물을 변경시키기 위해 지식을 추구한다. 우리는 세계를 자기 필요대로 강제할 수 있는 힘을 주는 지식을 높이 평가한다. 얼마나 많은 폭력을 동원해야 하는지에는 상관없이 말이다. 이렇게 해서 원자에 대한 지식은 우리를 지구의 생태, 사회의 복지, 인류 자체의 생존과 적대관계로 이끌었다. 객관적 지식은 자기도 모르게 자신의 어원적 의미를 실현해 왔다. 즉, 객관적 지식은 우리를 우리 자신과 맞서는 적대자로 만든 것이다.

마지막으로 살펴볼 단어는 '실재'(reality)다. '실재'는 지식임을 주장하는 모든 것에 대한 판별 기준으로 사용되고 있다. 현대의 기준에 의하면 신화나 소설이나 시는, 그것이 아무리 흥미롭다 해도, 우리의 지식에는 아무런 기여를 하지 못한다. 왜냐하면 그것들은 '실재' 세계에 대한 것이 아니기 때문이다. 물론 종교 및 다른 어떤 형태의 신념이나 믿음도 마찬가지다. 그런 것들은 실재가 아닌 다른 어떤 것에 대한 것이기에, 타당한 종류의 지식도 아니며 타당한 방식의 앎도 아니다.

'reality'의 어원은 재산, 소유물, 물건 등을 의미하는 라틴어 '레스'(*res*)다. 그 의미는 'real estate'(부동산)라는 단어에서 가장 뚜렷이 나타난다. 이 이미지는 현대 지식의 또 다른 특징을 시사해 준다. 즉, 우리는 사물에 대한 권리를 주장하기 위해, 그것들을 소유하고 지배하기 위해 실재를 알기를 추구한다. 시나 종교가 무시당하는 것은 당연하다. 물리학이나 행동 과학과는 달리, 시와 종교는 우리에게 어떠한 부동산에 대한 권리도 주지 않기 때문이다. 아마 우리는 "아는 것이 힘이다"라는 유명한 격언을 다음과 같이 더 적절한 말로 고쳐 써야 할 것이다. "부동산이 힘이다." 힘이란 소유하고 지배하고 있는 것에서부터 나오는 것이기에, 우리는 사물에 대한 지배권(mastery)을 주는 지식만을 가치 있게 여긴다[흔히 '어떤 분야를 마스터(master: 지배)하기' 위해 공부한다고 말하지 않는가?].

당연히 소유권이나 지배는 오직 객체나 사물과의 관계에서만 가능하다. 따라서 어떤 살아 있는 존재를 소유하려면, 우리는 생각의 왜곡을 통해 그것을 재산이나 노예로 바꾸어 현대적 인식이 추구하는 지배권을 획득해야 한다. 이렇게 우리에게 소유하고 지배할 부동산을 주는 지식은, 자연과 인간을 포함한 모든 주체를 객관적 사물로 바꾸어 놓고 만다.

현대의 지식에 대한 이러한 이미지들을 염두에 두고, 잠시 창세기 이야기로 돌아가 보자. 우리가 본디 사랑의 형상으로 지어졌음을 말하는 이 이야기는, 또한 그 형상이 아담과 하와의 행동으로 어떻게 왜곡되었는지를 들려준다. 낙원에 아담과 하와를 두신 하나님은 그들의 인간적 한계를 아셨기에, 그들에게 선악을 알게 하는 지식 나무의 열매를 먹지 말라고 명령하셨다. 그러나 그들은 불순종했다. 그들은 한계 너머에 있는 지식을 향해, 자신들을 하나님처럼 만들어 줄 것이라는 지식을 향해 손을 뻗쳤다. 그래서 결국 필적할 존재가 없는 분, 하나님에 의해 낙원으로부터 추방되었다.

이를 종교 전통의 언어로 말하자면, 아담과 하와는 최초의 죄를 범한 것이다. 그러나 지적 전통의 언어로 말하자면, 그들은 최초의 인식론적 과오를 범한 것이다. 이 과오는 인류 역사에서 수없이 되풀이되어 왔으며, 로버트 오펜하이머의 말 "이제 물리학자들은 죄가 무엇인지를 알게 되었다"에 나오는 과학자들이 범한 것이 바로 그 예다.

지식에 대한 갈망 자체가 죄나 인식론적 과오는 아니다. 그리고(몇몇 그리스도인들은 그렇게 주장하지만) 낙원으로 돌아가는 길은 의도적인 무지가 아니다. 아담과 하와는 그들이 추구했던 지식의 **종류**로 인해 에덴 동산에서 쫓겨난 것이다. 그것은 하나님을 불신하고 배제하는 지식이다. 알고자 하는 그들의 욕망은 사랑이 아니라 호기심과 지배욕, 오직 하나님에게만 속해 있는 힘을 소유하려는 욕망에서 비롯된 것이었다. 그들은 하나님이 그들을 먼저 아셨고, 그들을 아시되 잠재성뿐 아니라 한계 또한 아신다는 사실을 존중하지 못했다. 그들은 하나님이 그들을 아시듯 알기를 거부하고, 결국 죽음을 초래하고 마는 종류의 지식을 추구했다.

객관주의로부터 진리로

현대인의 인식에 대해 비판하고자 할 때는, 우리가 어떻게 또 왜 이런 종류의 지식을 가치 있게 여기게 되었는지를 고찰해 보는 것이 중요하다. 전근대 시대의 교육받지 못한 지성은 사실적 관찰이나 논리적 분석이 아니라, 주관적 기능—감정, 직관, 신앙—에 의존했다. 이러한 인식 방식은 멀찍이 떨어져 세계를 가공해 내거나 조작하거나 소유하지 않는다. 대신, 세계를 주어진 선물로, 유기적 통일체로 받아들이며, 인식의 주체를 그것의 불가결한 일부로 여긴다. 그러한 지식은 세계를 생명 없는 '사물'로 축소시키지 않으며, 모든 것을 살아 있고 고동치는 생명으로 가득 채운다. 그러한 세계에서는 바위도 영혼을 가지고 있으며, 꽃이나 나무도 영혼-자아를 가지고, 일상의 모든 사건이 상징과 표징으로 가득 차 있다. 모든 경험은 암시와 의미를 함축하고 있으며, 인식 주체는 그들 모두와 하나로 짜여져 있다.

이는 바로 판타지(fantasy)를 이루는 재료들이다. 분명 이는 오늘과 같은 사실적 시대에 판타지 문학이 왜 그렇게 인기가 높은지를 설명해 준다. 그러나 이러한 전근대적 정신 구조는, 과학주의(scientism)로 인해 굶주린 상상력에게는 아무리 매력적으로 보인다 할지라도, 상당 부분 어두운 면을 갖고 있다. 감정, 직관, 신앙은 빈번하게 미신, 미숙한 이데올로기, 조잡한 심리 투사를 동반하게 마련이다. 고대 세계의 풍성한 생명력도, 안다고 자처했던 이들의 열정과 편견의 반영에 불과할 때가 많다.

우리는 결코 제후나 사제나 민중의 광기를 만족시키기 위해 마녀를 화형시키고 이단자들의 사지를 절단하고 농장이나 마을을 불태웠던 시대를 낭만적으로 바라보아서는 안 된다. 객관성을 향한 추구는 인간 영혼의 심하게 비틀린 가닥들, 우리가 '맞서 대항해야 할' 왜곡들을 푸는 데 어느 정도 도움을 주었다. 실로, 객관성을 향한 추구는 선한 영적 근거를 갖고 있다. 그것은 아담과 하와 이래로 앎을 포함해서 우리가 하는 모든 일에 영향을 끼치고 있는 자기 중심성이라는 죄에 대해 쐐기 역할을 해줄 수 있다.

현대적 인식에도 우리가 존중해야 할 면들이 많이 있다. 그것이 우리에게 얼마나 큰 유익을 끼쳤는지는 응용과학 분야뿐 아니라 문화의 영역에서도 확실히 알 수 있다. 기술이 낳은 업적은 일상 생활을 윤택하게 해주었으며, 사회과학의 통찰은 공동의 삶에서 잔인성을 일부 제거해 주었고, 문학과 예술은 영혼에 자유롭게 비상할 수 있는 날개를 달아 주었다. 이 책에서도 나는 현대적 인식을 비판하는 도구로 다름 아닌 현대적 인식을 사용하고 있지 않은가! 이는 결코 무의식적인 모순도 우스운 아이러니도 아니다. 이는 현대적 인식에 스스로 올바른 방향으로 전환할 역량이 있음을, 전근대적 지식은 결코 갖지 못했던 역량이 있음을 보여 준다. 현대적 인식에 아무리 많은 위험이 있다 하더라도, 우리는 결코 전근대로 되돌아갈 수 없다.

그러나 전근대적 지식의 문제가 인식 주체와 인식 대상을 지나치게 동일시한 것이었다면, 지금 우리의 문제는 그 둘의 소외와 결별이다. 우리는 지식을 주관성의 혼란으로부터 자유롭게 하려다가 그만 인식 주체를 삶의 그물망 자체로부터 끊어내고 말았다. 인식 주체와 인식 대상의 이러한 현대적 결별은, 인식 주체로서의 자아와, 인식 대상으로서의 세계 사이의 공동체성과 책임성의 붕괴를 가져왔다. 이러한 왜곡은 전근대 세계의 왜곡과는 종류가 다르지만 그 위험의 정도는 다르지 않다. 아니, 오히려 더 위험하다. 이제 우리에게는 우리의 왜곡을 몇백 배 확대시킬 수 있는 힘, 생각을 가지고 파괴해 온 공동체를 이제는 행동을 통해 파괴해 버릴 수 있는 힘이 있기 때문이다.

이와 같은 소외된 인식 방식—나는 이를 '객관주의'(objectivism)라 부른다—에 대한 몇몇 어원적 이미지를 앞서 제시했으니, 이제는 그에 대한 더 체계적인 개괄을 제공하고자 한다. 객관주의는 인식 주체와 인식 대상을 예리하게 구분하는 데서 시작한다. 이에 따르면, 인식 대상은 인식 주체와 별개로 '저쪽 바깥에' 독립적으로 존재한다. 그것들은 우리가 알아 주기를 수동적으로 가만히 기다리고 있을 뿐이다. 인식 주체인 우리는 능동적인 행위자다. 우리는 대상을 파악하게끔 해주는 도구를 갖고 대상의 영역으로 들어간다. 그리고 실증적 측정과 논리적 분석을 이용하여 대상을 관찰하고 분해하기를 시도한다. 이 모든 과정에서 우리는 우리의 지식이 객관적임을 보증해 주는, 즉 그것이 인식 주체의 일시적 생각이 아닌, 탐구 대상의 본질을 반영하고 있음을 보증해 주는 절차적 규칙(예를 들어, 과학적 방법)의 인도를 받는다. 그리고 우리가 인식한 지식의 객관성을 확실히 하기 위해, 우리가 무엇을 발견했으며 어떻게 그것을 발견했는지를 보고함으로써, 다른 사람들이 우리의 발견을 확증할 수 있도록 한다. 이러한 관점에서 진리란, 증거와 이성이라는 규범에 부합하는 명제나 보고, 즉 동일한 규칙을 따른다면 다른 인식 주체에 의해서도 동일하게 재현될 수 있는 보고로 구성된다.

현대 인식론의 추세에 친숙한 독자는 현대적 인식에 대한 이러한 개괄을, 과장적 풍자라고 부르며 무시해 버릴지도 모른다. 당연히 그들은, 앞에서 내가 말한 내용이 (주관주의에서 벗어나려 했던 초창기 순진한 단계에 대한 묘사는 될 수 있을지 모르나) 이제는 인식 주체를 더 이상 인식 대상과 결별시키지 않고 지식을 그 역동적 상호 작용의 결과로 이해하는 최근 인식론 이론들을 통해 이미 극복되었다고 주장할 것이다.

현대의 어떤 과학 철학자들은, 인식 주체와 인식 대상을 엄밀하게 구별할 수 없으며 모든 과학적 발견은 '주관적인' 요소와 '객관적인' 요소의 혼합물이라고 주장한다. 현대 원자물리학도 측정 과정 자체가 측정 대상에 대한 우리의 상(象)을 형성한다는 사실, 어떤 실험이든 그 결과는 탐구 대상의 본질뿐 아니라 실험 과정 자체에 의해서도 결정된다는 사실을 이해하고 있다. 한 철학자는 이렇게 말한다.

…전자(electron)는 나의 정신과 무관한 속성을 **가지고 있는** 것이 아니다. 원자물리학에서 정신과 물질, 나와 세계 사이의 엄밀한 데카르트적 구별은 이제 타당성을 잃었다. 우리는 우리 자신에 대해 말하지

않고서는 자연에 대해 말할 수 없다.[2]

그리고 또 다른 과학자는 이렇게 말한다.

> 양자역학에 따르면 객관성 같은 것은 존재하지 않는다. 우리는 우리가 그리는 그림에서 자신을 제거할 수 없다. 우리는 자연의 일부이며, 따라서 우리가 자연을 연구하는 것은 사실 자연이 자연 자신을 연구하는 것이라는 사실을 회피할 방도가 없다.… '여기 안쪽-저쪽 바깥'의 구별을 사용하는 과학자들은 이제 그런 구별이 존재하지 않을지도 모른다는 것을 발견했다! '저쪽 바깥'에 있는 것은, 철학적 의미뿐 아니라 엄밀한 수학적 의미에서도, 우리가 '여기 안쪽'에서 결정하는 것에 명백히 의존하고 있다.[3]

관찰 주체와 대상의 불가분리성은 사회과학에서는 더욱 명백해진다. 조사 연구나 심층 인터뷰에서 사람들의 답변은 언제나 주관적 요소의 영향을 받는다. 질문의 표현 방식, 질문자의 어조, 질문자의 외모, 주제를 둘러싼 통념 등. 그리고 문학 연구에서도—형용사와 부사의 수까지 세면서 소설을 '객관적으로' 연구하려는 최근의 시도들이 있었지만—우리는 독자가 작가의 작품에 자신의 개인적 경험을 가져옴으로써 비로소 '예술'이라 불리는 결과가 생겨난다는 것을 알고 있다.

우리는 마이클 폴라니(Michael Polanyi)에게서 객관주의가 가장 면밀하게 폭로되는 것을 본다.[4] 그는 모든 과학적 사실 발견에는 과학자 개인과 과학자 공동체가 주관적으로 관여되어 있음을 보여 준다. 폴라니는 과학 실험의 데이터는 단순히 추상적 이론의 틀 안에서만 논리적 상관 관계를 맺고 있는 것이 아님을 보여 준다. 데이터는 과학자의 인격(person) 안에서도 심리학적으로, 심지어 생물학적으로 상관 관계를 맺고 있다. 우리의 감각과 이성뿐 아니라 신체와 개인사도 포함하는 과정 속에서 말이다. 우리가 추상적인 과학적 이성이라고 생각하는 것도 실은, 물질 세계에 속한 것들을 가지고 살아가는 그 과학자의 인격적 '내주'로부터 비롯하며, 또 계속 거기에 뿌리를 두고 있다. 그리고 그렇게 물질 세계에 내주하는 과학자는 또한 자신이 속한 과학자 공동체에 의해서도 형성되기에, 과학의 모든 발견은 이러한 개인들의 관계와 헌신에 의해 영향을 받는다. 폴라니에 따르면, "지식은 주관적이거나 객관적인 것이 아니라, 개인(person)이 성취하는, 두 가지 모두에 대한 초월이다."[5]

객관주의에 대해 이러한 온갖 한계 설정, 제한, 노골적인 논박이 나오고 있을진대, 그렇다면 앞서 내가 제시한 개괄은 무엇이란 말인가? 객관주의에 대한 그러한 개괄은 그저 내 논증을 위해 그린 풍자화에 불과한 것인가? 그렇지 않다면, 그것은 어디에 어떻게 적용되는가? 폴라니에 대한 선도적 해석자 중 하나인 리처드 겔위크(Richard Gelwick)가 그 대답을 제시한다.

인식 주체와 인식 대상의 분리는 더 이상 설득력이 없다. **비록 현재 그 분리가 우리의 사고 습관, 이상, 삶의 조직 속에 제도화되어 있긴 하지만** 말이다.[6]

객관주의는 특별히 우리의 교육에, 즉 우리가 가르치고 배우는 방식 속에 제도화되어 있다. 거기서 객관주의는 '숨은 교육과정'이라는 힘을 통해 학생들에게 전달되고 있다. 다시 말해, 우리의 관습적 교수 방법은 학생들이 객관주의적 세계관을 갖도록 형성시키고 있다. 지식에 대한 우리의 지배적인 개념이 무엇인지를 알기 위해, 고차원적인 인식론 이론을 살펴볼 필요는 없다. 대신, 우리가 가르치는 방식을 관찰하고, 그러한 실제 관행 속에 어떤 지식 이론이 함축되어 있는지를 살펴보라. 그것이 바로 지금 우리 학생들이 배우고 있는 인식론이다. 우리 시대 최고의 이론가들이 무엇이라 말하든 간에 말이다.

교사는 인식 주체와 인식 대상, 학습자와 학습 대상 사이의 중개자다. 인식론적 연쇄 사슬에서 살아 있는 고리 역할을 하는 것은, 어떤 이론이 아니라 바로 교사다. 교사가 중개자 역할을 하는 방식은 학생들에게 인식론과 윤리, 즉 앎과 삶에 대한 접근법을 둘 다 전달한다. 예를 들어, 내가 자유에 대한 멋진 말을 가르친다 하더라도, 만일 그것을 권위주의적으로 가르친다면, 즉 학생들에게 오로지 '사실'의 권위에만 의존하고 과제물이나 시험 답안지를 작성할 때 권위자의 생각만을 그대로 모방하라고 요구한다면, 실제로는 노예의 윤리를 가르치고 있는 것이다. 학생들을 진리에 대한 내적 감각의 인도를 받으며 자유롭게 배우는 법과 자유롭게 사는 법을 모르는 사람으로 형성시키고 있는 것이다.

만일 이것이 사실이라면, 교사로서 더 이상 나는, 사회학이든 신학이든 모든 학과에서 교사의 책임은 다만 학생들에게 사실을 전달하는 것뿐이라고 주장하면서 그저 안일하게 살 수 없다. 교사로서 나는 중개자로서의 역할에 대해 책임을 져야 한다. 내 교수 방식은 학생들의 자아관과 세계관에, 더디지만 꾸준한 형성적 영향력을 행사하기 때문이다. 교사로서 나는 학생들에게 지식 체계나 몇 가지 기술 이상의 것을 가르치는 자다. 교사로서 나는 그들에게 인식 주체와 인식 대상의 관계 양식과 이 세계 내에서의 존재 방식을 가르친다. 그리고 그 방식은 여러 과목을 거치면서 강화되며, 전달된 사실이 학생들의 기억 속에서 사라진 후에도 오랫동안 그들에게 영향을 미친다.

물론, 오늘날 교수법에 대한 많은 실험이 행해지고 있고, 교수와 학습에 대한 흥미로운 혁신적인 방법이 많이 제안되고 있는 것이 사실이다. 그러나 그것들 대부분은 기술적 문제만을 다루고 있을 뿐, 근저에 깔린 인식론 문제는 검토나 변화 없이 그냥 놔두고 있다. 즉, 그것들은 앎의 본질에 대한 대안적 이론에 충분한 근거를 두고 있지 못하다. 그 가운데 많은 실험이 실패했다. 이는 학교가 이제 변화라면 신물이 났기 때문이기도 하지만, 실험자들이 교수 내용은 변화시키지 않은 채 형식만 변화시키려해 왔기 때문이다. 잡다한 교수 기법 중 어떤 하나를 선택한다고 해서 새로운 교수법이 발전되는 것은 아니다. 지식을 전수하는 새로운 방법을 찾기 위해서는, 먼저 새로운 지식을 찾아야 한다. 더 나은 매체를 발견하기 위해서는, 먼저 더 나은 메시지를 발견해야 한다.

교육이 전달해야 하는 메시지는 '사실', '이론', '객관적', '실재' 등과 같은 단어들로 말할 수 없다(비록 이 단어들도 정당한 역할을 가지고 있긴 하지만). 그 메시지는 '진리'라고 불린다. '진리'는 과거에는 앎과 가르침과 배움에 대한 모든 논의에서 핵심적인 단어였지만, 이전에는 나의 어휘 목록에서 빠져 있었다. 오늘날에는 많이 사용되지 않으며, 가치 있는 지식에 관한 논의에서도 중요한 단어가 아니라는 이유만으로 말이다. 여전히 사람들은 진리를 갈망하지만, 오늘날과 같은 환멸의 시대에 그 단어는 대개 낭만적 환상이나 도달할 수 없는 이상을 가리키는 말로 받아들여진다. 회의적인 현대인의 귀에 '진리'란 그저 몽상적이고 공상적이며 환상에 불과한 소리로 들릴 뿐이다.

그러나 '진리'의 어근에 감추어진 이미지를 조사해 보면, 그것은 지금 우리가 가치 있는 지식을 묘사하는 데 사용하고 있는 어떠한 단어들보다 훨씬 더 직접적이요 근거가 있으며 인간적인 단어임이 드러난다. '진리'(truth)는, "나는 언약을 지킬 것을 당신에게 맹세합니다"(I pledge thee my troth)라는 고대 영어 표현에 나오는 '언약'(troth)과 동일한 게르만 어근을 가진다. 사람은 '진리'라는 단어를 통해, 다른 사람과의 언약으로, 서로를 책임지며 서로를 변화시키는 관계를 맺겠다는 맹세로, 미지의 위험에 직면해서도 신뢰와 믿음을 굳게 하는 관계로 들어간다.

진리 안에서 무언가를 혹은 누군가를 안다는 것은 인식 대상과의 언약 관계로 들어가는 것, 우리의 지성이 따로 떼어놓은 것을 새로운 앎을 통해 재결합시키는 것이다. 진리 안에서 아는 것이란 혼인 언약을 맺는 것, 자신의 전부를 걸고 그 인식 대상과 약속을 맺는 것으로서, 우리의 온 정성과 관심과 선의를 가지고 맺는 언약이다. 진리 안에서 아는 것은 또한 상대에게 자신을 알도록 허락하는 것, 무릇 참된 관계에 따르기 마련인 모든 도전과 변화에 자신을 여는 것이다. 진리 안에서 아는 것은 인식 대상의 삶으로 들어가며, 또한 그것이 우리 자신의 삶으로 들어오도록 허락하는 것이다. 진정한 앎은 인식 주체와 그 대상을 하나로 결합시킨다. 비록 그 둘이 별개라 해도 서로 상대의 삶과 운명의 일부가 된다.

이렇게 진리란 세계를 가공하고 그것을 자기로부터 멀찍이 둔 채 자신의 필요를 위해 조작하거나 소유물로 삼는 것과는 전혀 상관이 없다. 또한 진리란 세계를 무대 삼아 거기에 우리 자신의 심리를 투사하는 것을 뜻하지도 않는다. 오히려 진리란, 우리와 진정 다르지만 우리와 긴밀한 유대를 맺고 있는 다른 사람 혹은 사물들과의 관계로 들어가는 것을 뜻한다. 진리에는 지금 우리 모두가 추구하고 있는 그 형상—본디 우리가 그 안에서 창조되었던 공동체의 형상, 현대의 몇몇 과학 철학자들이 긍정하는, 인식 주체와 인식 대상의 관계성의 형상이 담겨 있다.

진리를 향한 교육이란 사실이나 이론이나 객관적 실재에 등을 돌린다는 것이 아니다. 우리가 진리에 헌신한다고 해서, 반드시 사실이 변하는 것은 아니다(어떤 사실은 변할 수도 있다. 왜냐하면 사실이란 관계의 한 기능이기 때문이다). 그러나 그 사실과 우리의 관계, 혹은 그 사실이 우리에게 알려 주는 세계와 우리의 관계는 **변화될** 것이다. 진리는 인식 주체에게 인식 대상과 상호 의존적인 관계를 맺을 것을 요구하기 때문이다. 인식 주체와 대상은 모두 독자적인 온전함(integrity)과 타자성(otherness)을 가지며, 한쪽이 다른 쪽으로 함몰되지는 않는다. 그러나 동시에 진리는 우리에게 인식 주체와 인식 대상은 서로의 삶에 연루되어 있음을 인정하고 그에 반응할 것을 요구한다.

진정한 앎에서, 우리는 (전근대적 인식이 그러했듯이) 세계에 우리의 주관성을 주입하지 않으며, (근대적 인식이 그러하듯이) 세계를 우리로부터 멀찍이 떼어놓고 우리 필요를 위해 조작하지도 않는다. 진정한 앎에서, 인식 주체는 다른 인격, 피조물, 사물―우리의 지식이 우리로 하여금 알게 하는 모든 것―과의 충실한 관계의 공동체 안에서 공동의 참여자가 된다. 우리는 우리의 성실을 맹세함으로써 진리를 발견한다. 그럴 때 앎은, 본디 논리가 아니라 사랑으로 연결되어야 하는 모든 분열된 존재를 재결합시켜 준다.

3 ● 가르침 배후에 숨겨진 가르침

관습적 교실

객관주의는 우리의 관습적 교수 방법들에 어떻게 깊이 새겨져 있는가? 앎과 삶에 대한 이 이론은 어떤 되풀이되는 관행을 통해 학생들에게 전달되고 있는가? 4년 간의 대학 교육, 2년 간의 신학교 교육, 5년 간의 대학원 교육을 거친 나로서 전형적인 수업의 모습을 묘사하기란 어렵지 않다. 특히 나 자신도 내가 기억하고 싶은 것 이상으로 자주 그러한 방식을 사용해 온 판국에 말이다!

내가 들었던 모든 수업은 거의 예외 없이 단 한 사람—교사—의 활동과 권위를 중심으로 진행되었다. 나를 비롯한 다른 학생들은 그저 실재에 대한 교사의 보고를 가만히 듣거나, 교사가 선택하여 숙제로 내준 다른 권위자들의 보고들을 읽었을 뿐이다. 우리의 임무는 그러한 보고서를 암기해서 시험 때 그대로 옮겨 적는 것이었다. 대부분의 경우 우리가 수업 시간에 할 수 있는 최고 수준의 개인적 참여는, 교사에게 강의 내용이나 읽은 책에 대해 질문하고 대답을 암기하는 것이 전부였다. 토의 시간이 주어지는 수업들도 있었지만, 내가 선생님을 가르칠 수도 있다는, 아니 동료 학생들이라도 가르칠 수 있다는 생각을 해 본 적은 거의 없다. 사실 그렇게 하고 싶은 충동을 느낀 적도 거의 없다. 교실은 독창적 탐구를 위한 장소가 아니라 권위자를 모방하는 자리였고, 협동의 장소가 아니라 학습자들 간의 경쟁의 장소였다.

나는 강의나 경청이나 암기 자체를 반대하지는 않는다. 합당한 맥락에서 적절히 행해지기만 한다면, 그것들도 모두 진리, 다른 말로 관계성의 공동체(community of relatedness)를 창조하는 일에 한몫 할 수 있다. 그러나 내 교육 경험으로 미루어 보건대, 너무 많은 경우 강의는 권위주의적이며, 너무 많은 경우 경청은 수동적이며, 너무 많은 경우 암기는 기계적이다. 그리고 너무 많은 경우 교실의 분위기는 공동체 파괴적이다. 그러한 교실에서는 어떤 내용이 다루어지든, 그 방법은 학생들을 인식 주체와 인식 대상에 대한, 자아와 세계에 대한 객관주의적 이미지 속에서 형성시키는 결과를 낳을 뿐이다. 다음에서 나는, 이와 같은 일이 어떻게 일어나는지 그 네 가지 방법과, 만일 우리가 새로운 인식론과 진리 자체를 진지하게 받아들인다면 우리의 가르침이 어떻게 바뀔 수도 있는지 그 네 가지 방법을 제시하고자 한다.

숨은 교육과정

첫째, 관습적 교실에서 연구의 초점은 언제나 외부다. 자연이나 역사나 다른 사람의 실재관 등. 교실 내부의 실재나, 교사와 학생 내면의 실재는 부적합한 것으로 간주된다. 다시 말해, **우리도** 자연의 일부이며 역사의 일부라는 것, 우리도 우리 자신의 관점을 갖고 있다는 것 등은 인정받지 못한다. 그래서 결국 우리는 실재를, 우리와 동떨어져 있는 '저쪽 바깥'으로 생각하게 되며, 앎은 일종의 스포츠 관람이 되고 만다. 교실은 잘해야 우리가 어떤 주제에 대해 구경하는 관람석이 될 뿐이다.

내가 교실을 가리켜 '잘해야' 관람석이 될 뿐이라고 한 것은, 많은 경우 수업에서 학생들은 스스로 관찰할 기회조차 갖지 못하기 때문이다. 그들은 실재를 탐색하고 살아 돌아온 교사가 들려주는 보고만을 들을 뿐이다. 심지어 더 많은 경우, 교사는 다른 탐험가들, 즉 해당 분야(field)에서 인정받는 권위자들의 보고에 대해 보고해 줄 뿐이다. 따라서 흔히 관람객 학생은 높은 특별 관람석에 앉아 실제 경기장(field)에서 벌어지고 있는 일로부터 한두 단계 멀어지게 된다.

(카네기 연구 조사에서의 그 학생들같이) 교육받은 사람들이 자신을 세계와 유리된 존재로, 세계의 행로와 무관한 존재로 생각하는 것은 이상한 일이 아니다. 우리는 관람석에 앉아 관찰하고 분석하고 평가하기만 할 뿐, 경기장으로 직접 들어가지는 않는다. 왜냐하면 우리는 앎을 그렇게 배웠기 때문이다. 이는 다른 사람들과 '공감하는' 능력인 자비와 같은 덕목이 '교육을 통해 사라져 버렸음'을 의미한다. 대신 이제 임상적 거리 두기(clinical detachment)가 자리잡게 되었다. 상담자와 의사들은 환자에게, 언론인들은 그들이 전하는 이야기에, 변호사들은 그들이 맡은 사건에 관여(involvement)하지 않도록 훈련받는다. 물론, 관여에도 나름의 문제가 있다. 하지만 그렇다고 거리 두기가 해결책인가? 오페라 하우스 개장 소식을 전하는 것과 동일한 목소리로 살인과 상해 사건에 대해 보도하는 언론을 위해 우리가 치르는 대가는 무엇인가? 또 의사-환자 관계에 존재하는 잠재적인 치유 능력을 무시하는 의학 훈련을 위해 치르는 대가는 무엇인가?

만일 우리가 앎이 (몇몇 새로운 인식론 이론이 말해 주듯이) 인식 주체와 인식 대상 사이의 인격적 관계를 요구한다는 것을 믿는다면, 우리 학생들은 세계를 멀찍이 떨어져 바라봄을 통해서가 아니라 세계와의 상호 작용을 통해서 배우도록 초대받을 수 있을 것이다. 또한 교실은 실재와 동떨어진 장소가 아니라 실재의 불가결한 부분, 실재와 상호 작용하는 부분으로 여겨질 것이다. '저쪽 바깥'과 '여기 안쪽' 사이의 구별은 사라질 것이다. 학생들은 자신이 이 세계 속에 있으며 또한 자신 속에 이 세계가 있다는 것을, 진리란 실재에 관한 어떤 진술이 아니라 우리 자신과 세계의 살아 있는 관계라는 것을 발견할 것이다. 그러나 지금 우리의 교수 방법은 그러한 인식론을 거의 전달하지 못하고 있다. 오히려 객관주의를 전달하고 있을 뿐이다.

둘째, 관습적 교육은 '저쪽 바깥'의 실재를 위해 교사와 학생들의 내적 실재는 무시하고 있기 때문에, 인식 주체로서 자아의 마음은 결코 탐구의 대상이나 인식의 대상이 될 기회를 얻지 못하고 있다. 객관주의의 이상은 인식 주체가 '백지' 상태가 되어, 떠돌아다니는 사실들을 곧이곧대로 받아들이는 것이다. 객관주의의 목표는 모든 주관적 요소, 모든 편견과 선입견을 제거함으로써, 우리의 지식이 전적으로 실증적이 되도록 하는 것이다. 객관성을 위해, 우리의 내적 실재는 지식의 대상으로 고려조차 되지 않는다.

이는 관습적 교실에서 왜 교사는 능동적이며 학생들은 수동적인지를 설명해 준다. 교사는 오랜 기간의 훈련을 통해 주관적 편견을 극복했기에 사실을 제시할 자격을 갖춘 존재다. 반면 학생들은 아직 그러한 고차원의 상태에 도달하지 못한 존재로서, 여전히 감정, 편견, 변덕의 영향 아래 있다. 학생들로 하여금 앎에 적극적으로 참여하도록 초청한다면, 그런 열정들로 사실을 왜곡시킬 위험이 있다. 따라서 우리는 학생들을 계속 수동적인 상태로 놔두고 꾸준히 사실을 공급해 줌으로써, 그들에게서 열정을 제거해 내고자 노력한다. 관습적 교육은 자아를 세계 안에 두고 이해하려는 것이 아니라, 자아를 방해거리로 여겨 치워 버리려 한다.

물론 차분히 성찰해 보면, 이러한 전략은 거의 말이 되지 않는다. 자아는 없고 '백지'만 있는 세계가 도대체 어디 있단 말인가? 그러한 세계는 존재하지 않는다. 또 자기만의 고유한 시각이나 특별한 관점을 갖고 있지 않은 자아가 도대체 어디 있단 말인가?

그러한 자아는 존재하지 않는다. 그리고 학생들의 열정을 부인함으로써 그것을 통제할 수 있을 것이라고 어떻게 믿을 수 있는가? 열정과 편견은 무시되고 억압당하면, 우리 자신의 한 부분에서 거칠어지는 경향이 있다. 공적으로는 여전히 객관적인 체하지만 말이다. 이것이 바로 오늘날 수많은 교육받은 사람들의 정확한 실상이다. 그들은 기술 사회에서 자신의 역할을 유능하게 감당할 능력은 있지만, 아담과 하와를 집어삼켰던 동일한 내적 어두움에 사로잡혀 있다. 슈마허(E. F. Schumacher)는 다음과 같이 말한다.

> …세계의 위기는 심해지고 있고, 사람들마다 '지혜로운' 사람, 이타적인 지도자, 믿을 수 있는 상담자 등이 부족하다고, 심지어 전무하다고 개탄하고 있다. **내적 훈련(inner work)**을 해 본 적이 없는 사람들, 그 말이 무슨 뜻인지조차 이해하지 못하는 사람들에게서 그러한 고귀한 자질을 기대한다는 것은 가당치 않다.[1]

만일 앎이란 (몇몇 새로운 인식론 이론들이 말해 주듯이) 주관과 객관이 상호 작용하는 과정이라는 것을 믿는다면, 우리는 다른 종류의 교육을 창조해 낼 수 있을 것이다. 열정은 사실을 통해 완화되고, 사실은 열정을 통해 온기를 받아 인간이 거하기에 적합한 것으로 만들어지는 그러한 방식 가운데서 학생들과 학과는 서로 만날 것이다. 이러한 종류의 교육은 단순히 세계를 아는 데서 그치지 않는다. 우리는 세계에게 우리 자신을, 우리의 내적 비밀을 알도록 허락할 것이다. 즉 우리는 진리, 다른 말로 상호 인식의 공동체 속으로 인도될 것이다. 그러나 지금 우리의 교수 방법은 그러한 인식론을 거의 전달하지 못하고 있다. 오히려 객관주의를 전달할 뿐이다.

관습적 교실의 세 번째 특징은 인식 주체로서의 자아를 고립시키는 경향이다. 학생들이 모였다고 해서 공동체가 되는 것은 아니다. 그것은 다만 교수법상의 편의에 불과하다. 즉, 교사가 보고를 40회 반복하지 않고 40명의 학생들 앞에서 단 한 번에 끝낼 수 있도록 하는 수단인 것이다. 객관적 지식이란 인식 주체와 대상 사이의 일대일 만남을 뜻한다. 즉, 그 밖의 다른 관계들은 필요치 않다. 소위 학자들의 공동체도 다른 개인들의 연구 결과를 검토하는 개인들로 구성되어 있을 뿐이다. 객관주의에는 공동체를 이루어야 할 근본적인 이유나, 서로가 서로를 알기를 추구해야 할 당위성은 존재하지 않는다.

사실 객관주의는 주관적 편견을 두려워하기 때문에 공동체에 적대적이다. 한 사람이 가진 편견도 나쁜데, 그것이 공동의 삶이라는 효소를 통해 증식된다면 얼마나 더 나쁘겠는가! 따라서 관습적 교수법은 단순히 비(非)공동체적일 뿐 아니라 반(反)공동체적이다. 이 교수법은 과오를 대비하여 학생들로 하여금 서로 경쟁하도록 만든다. 가장 적합하고 똑똑한 이들만이 살아 남도록 말이다. 지금 내가 너무 과장하고 있다고 생각된다면, 많은 교실에서 학생들간의 '협조'는 '부정 행위'라는 이름으로 진행되고 있음을 기억하라!

많은 교육받은 사람들에게, 공동체에 들어가고 또 그러한 공동체 창조를 도울 수 있는 역량이 결여되어 있는 것, 또 그들이 삶의 모든 관계 속으로 경쟁 습관을 들여오고 있는 것은 전혀 이상한 일이 아니다. 만일 지식이란 (몇몇 새로운 인식론 이론들이 말해 주듯이) 공동체적 헌신으로부터 생긴다는 것을 믿는다면, 공동체가 두려움의 대상이 되는 것이 아니라 오히려 공동체가 장려되는 교실들을 창조해 낼 수 있을 것이다. 그리고 공동체적 헌신으로부터 발원하는 앎 안에서 형성된 학생들은 공동체를 다시 엮어 내는 일에 그들의 지식을 더 잘 사용할 수 있게 될 것이다. 그러나 지금 우리의 교수 방법은 그러한 인식론을 거의 전달하지 못하고 있다. 오히려 객관주의를 전달할 뿐이다.

관습적 교육의 네 번째 영향은 지금껏 살펴본 세 가지 영향의 당연한 귀결이다. 우리는 상호 책임을 지는 참여자와 공동 창조자가 아니라 서로를 그리고 세계를 조작하는 자들이 된다. 학교에서 '저쪽 바깥' 세계를 멀찍이 관람하는 자들이 되도록 교육받을 때 우리는 조작자가 된다. 세계와의 그러한 거리로 인해 조작이 가능해지는 것이다. 그러나 만일 우리의 지식이 우리로 하여금 존중과 존경 가운데 세계에 다가가도록 만든다면, 우리가 세계 속에 있으며 또한 세계가 우리 속에 있음을 깨닫도록 만든다면, 우리는 세계를 조작하는 것이 아니라 세계와 함께, 더 나아가 우리 자신과 함께 조화 가운데 살고자 할 것이다.

그러나 우리 지식이 우리의 내적 자아를 성찰하지 않은 채 그냥 둘 때 우리는 조작자가 된다. 지배를 향한 욕망이 일어나는 곳은 바로 거기—우리의 내적 자아—이기 때문이다. 그러나 만일 우리 지식이 우리로 하여금 내면의 어두운 심장부를 발견하도록 해준다면, 우리는 그 파괴적인 열정에 대한 거만한 본능을 있는 그대로 보게 될 것이다. 그러면 우리는 세계를 정복하기를 소망하는 것이 아니라, 오히려 자신의 파괴적인 충동이 진리에 의해 정복당하기를 소망하게 될 것이다.

교육이 공동체를 부인하고 파괴할 때, 교육이 우리를 상대보다 우월하기 위한 끝없는 경쟁 속에 둘 때, 우리는 조작자가 된다. 교육을 받는 내내 우리는 살아 남기 위해 조작하는 법을 배우고, 다음에는 그 습관을 졸업 이후의 삶으로 가지고 들어간다. 그러나 만일 학교에서 협동적이고 공동체적 방법으로 지식을 얻는다면, 우리는 조작적인 방법이 아니라 협동적인 방법으로 사용할 수 있는 지식을 소유하게 될 것이다.

몇몇 새로운 인식론들은, 우리는 결코 우리 자신에 대해 말하지 않고서는 자연에 대해 말할 수 없다는 것을 말해 준다. 만일 인식 주체와 인식 대상 사이의 그러한 유기적 관계를 믿는다면, 우리는 세계를 재구성하는 법이 아니라 세계의 복잡다단한 관계들을 배우는 법을 가르쳐 주는 교수법을 창조하게 될 것이다. 인식 주체는 자신이 할 일은 지배하는 것이 아니라, 삶의 모든 것들 사이의 상호 관계성을 의식하는 것, 자연과 역사와 사회 그리고 우리의 동반 관계로 들어가는 것임을 아는 인격체가 될 것이다. 그러나 지금 우리의 교수 방법은 그러한 인식론을 거의 전달하지 못하고 있다. 오히려 객관주의를 전달할 뿐이다.

지금까지 내가 설명한 교수 방법이 잘못되었음을 알고 있는 이들은 이미 많이 있다. 오래 전부터 여러 비평가들과 우리 안의 고귀한 본능이 그것을 지적해 왔기 때문이다. 그러나 지금도 여전히 많은 이들이 이러한 방식으로 계속 가르치고 있으며, 달리 해 보려는 시도들은 불가항력적으로 보이는 장애물 앞에서 좌절되기 일쑤다. 그렇게 많은 비판을 받고 많은 결점을 가진 교수 방식이 이렇게 여전히 지속되고 있는 이유를 어떻게 설명할 수 있을까?

어떤 이들은 강의, 독서 과제, 시험 등은 가장 손쉬운 교수 방법이며 교사들은(다른 사람들과 마찬가지로) 가장 수월한 길을 택할 것이라고 말한다. 또 어떤 이들은 대중 교육이 우리에게 그 방법을 강요하고 있다고 주장한다. 200명이 되는 한 학급을 관리 기술말고 달리 어떤 방법으로 가르칠 수 있겠느냐는 것이다. 그러나 또 다른 이들은 여전히 문제의 원인으로 교육 예산 문제를 들면서, 예산이 충분하지 못한 학교들은 좀더 인격적이고 상호 작용적인 교수와 학습에 필요한 시간이나 교사를 확보할 수 없다는 사실을 지적한다.

이는 모두 사실과 합리적 이유에 입각한 설명들이다. 하지만 사실과 합리적 이유는 극복 가능한 것이다. 그렇지 않다면 지금까지 역사에는 어떠한 변화도 일어날 수 없었을 것이기 때문이다. 게으름, 효율성, 예산 등은 우주적인 초강력 세력에 의해 부과된 것이 아니다. 그것들은 모두 우리의 선택 문제다. 언제나 우리에게는 다르게 선택할 수 있는 자유가 있다. 그렇다면 왜 지금 우리는 다르게 선택하고 있지 않은 것인가? 왜 이러한 교수법이 여전히 지속되고 있는 것인가?

이러한 교수 방식이 지속되는 이유는, 그것이 교사에게 힘을 부여하기 때문이라고 말하는 비평가들이 있는데, 이는 정답에 근접한 지적이다. 힘과 더불어 안전도 따라온다. 수업의 흐름을 전적으로 자신의 통제 아래 둘 수 있는 안전, 자신의 권위에 대한 심각한 도전의 위험을 피할 수 있는 안전, 잘 모르는 영역으로 들어가 길을 잃고 헤맬 위험을 피할 수 있는 안전 등. 아마 교사들은 기존과 다른 학습 방법을 간절히 바라는 학생들 앞에서도 그러한 힘을 쉽게 포기하려 하지 않을 것이다.

그러나 이것은 이야기의 절반에 불과하다. 실은 학생들 자신도 그런 관습적 교수법에 집착하고 있기 때문이다. 그 교수법은 학생들에게도 안전을 주기 때문이다. 좀더 참여적인 방식의 교수법을 시도해 본 교사라면 누구나 이를 잘 알고 있다. 교사가 자신의 권한을 학생들과 공유하려 하고, 교육에 대한 책임을 당사자인 학생들에게 더 많이 넘겨주려 하면, 학생들은 겁을 내거나 냉소적이 된다. 그들은 교사가 보수를 거저 받으려 든다고 불평하며, 비협조적인 태도를 보여 결국 그러한 시도를 좌절시킨다. 많은 학생이 교사가 직접 숟가락으로 떠서 그들의 입에 넣어 주는 학습 방식을 선호하며, 더 창조적인 역할을 하라는 교사의 요구에 두려워하며 도망쳐 버린다.

관습적 교수법이 지속되는 이유는, 그것이 우리에게 삶을 단순화시켜 주는 실재관을 전달해 주기 때문이다. 이 실재관에 따르면 우리와 우리 세계는, '진리'라는 복합적인 책임성의 그물망 안에서 서로 관계를 맺고 있는 자아와 영혼들의 공동체가 아니라, 정렬하고 계수하고 조직하고 소유할 수 있는 대상이 된다. 관습적 교수법은 우리에게 세계에 대한 지배력을 주는 듯이 가장하면서, 우리에게서 새로운 인식론과 진리 자체가 요구하는 서로 드러냄(mutual vulnerability)에 대한 필요를 제거해 버린다.

객관주의적 교수와 학습에 지속적으로 끌리는 우리의 이야기는, 신화가 아닌 역사 속의 아담과 하와 이야기다. 우리는 신비를 제거시켜 주고 우리로 하여금 이 세계를 한 대상으로 지배할 수 있게 해주는 지식을 원한다. 무엇보다도 우리는 우리에게 회심(conversion)을 요구하는 지식을 회피하고 싶어한다. 우리는 앎의 주체가 되어 세계를 바꾸기를(convert) 원할 뿐, 변화를 요구당하면서 앎의 대상이 되는 것은 원하지 않는다.

배운다 함은 변화와 대면한다는 것이다. 진리를 배운다 함은, 주도할 뿐 아니라 반응하고, 얻을 뿐 아니라 주기도 하라고 우리에게 요구하는 관계로 들어간다는 것이다. 만일 이러한 진리의 공동체적 요구에 자신을 연다면, 우리에게는 회심이 필요하다. 원자에 대한 지식은 어리석은 전쟁 행위가 아니라 인내를 가지고 평화를 이루는 일로 우리를 부를 것이다. 인간 본성에 대한 지식은 안일한 경쟁 본능을 넘어서 협력이라는 어려운 임무로 우리를 부를 것이다. 자연에 대한 지식은 지구에 대한 부주의한 착취가 아니라 주의 깊은 돌봄으로 우리를 부를 것이다. 그러나 우리는 순종을 요구하는 진리들을 추구하기보다는, 우리에게 힘을 주는 사실들을 추구하는 편이 더 안전하다는 것을 알고 있다. 그래서 우리는 회심을 회피하기 위한 전략으로 객관주의적 교육을 채택한다. 만일 우리가 실재를 '저쪽 바깥'에 머물게 할 수 있다면, 우리는 비록 잠시라도 우리의 개인적·집단적 삶에 공동체적 요구를 가하는 진리를 회피할 수 있기 때문이다.

가르치고 배우는 또 다른 방법

여러 해 전 나는 우연히 전혀 다른 종류의 가르침에 대한 수수께끼 같은 이야기를 하나 접했는데, 그 이후로 계속 그것에 대해 묵상해 오고 있다. 그것은 사막 교부들에 관해 전해 내려오는 여러 이야기 중 하나로서, 이 4세기 구도자들의 경험은 기독교 전통에서 아주 중요한 자리를 차지하고 있다.[2] 이 이야기를 처음 읽은 이후로 나는 이 생소한 인물들에 대해 많은 연구를 해 왔고, 그 결과 진리에 대한 그들의 급진적 실험이 오늘 우리 시대를 위해 얼마나 중요한지를 깨닫게 되었다.

첫째, 그들은 기독교가 4세기에 걸친 박해 시대에서 벗어나 로마 제국의 국교로 공인되는 시대로 접어들던 시기에 살았다. 그러나 이 사막의 구도자들은 진리와 힘의 결연 관계라면 어떤 것이든 의심을 품었다. 그들은 공적 합의를 은신처 삼아 안일한 삶을 살기보다, 대도시를 떠나 리비아와 이집트의 황무지로 들어가 은둔자로 살며 진리를 참 진리 그대로 만나고자 노력했다. 마찬가지로, 지금 우리 또한 지식과 힘의 현대적 결연 관계로부터 떨어져 나와야 한다. 지금 우리 또한 앎과 가르침의 또 다른 방법을 찾아, 지성이라는 도시의 익숙한 경계를 넘어 전에 가 보지 않았던 영역으로 들어가야 한다.

둘째, 이 은둔자들은 서구의 관상 기도 전통의 기초를 놓은 이들이다. 그들의 고독한 추구로부터 수도원 공동체가 생겨났으며 간접적으로는 대학들이 생겨났다. 둘 모두 본래는 인류가 타락을 통해 잃어버린 앎, 하나님이 우리를 아시는 방식인 사랑에 근거한 앎을 회복하는 일에 헌신한 공동체들이었다.[3] 따라서 만일 우리가 교육의 영성을 회복하고자 한다면, 하나님이 되려고 하는 지성의 오만함을 극복하고자 한다면, 당연히 우리는 그들의 사막 체험으로부터 단서를 찾아야 할 것이다.

사막의 구도자들이 진리와의 대화 속으로 깊이 들어가자, 많은 사람이 그들을 찾아와 제자가 되고자 했다. 그들이 주었던 가르침의 내용과 방법은 무수한 일화와 이야기의 형태로 전해 내려오고 있다. 우리도 이 이야기 속으로 우리의 마음과 지성을 가지고 들어간다면, 사막의 스승들은 우리에게도 스승이 될 수 있다. 그들의 말에 적극적으로 귀를 기울인다면, 우리는 오늘날의 교육을 지배하고 있는 것과는 전혀 다른 개념의 앎과 가르침을 발견하게 될 것이다. 그러면 아바(교부) 펠릭스(Abba Felix)와 제자들 사이에 있었던 다음 이야기를 들어 보라.

> 몇몇 형제들이 아바 펠릭스를 찾아가서 말씀을 해 달라고 간청했다. 그러나 노인은 침묵을 지킬 뿐이었다. 그들이 오랫동안 간청을 하자 그는 그들에게 말했다. "말씀을 듣고자 하는가?" 그들은 대답했다. "아바시여, 그렇습니다." 그러자 노인은 말했다. "그러나 오늘날에는 더 이상 말씀이 없다네. 사람들이 노인들을 찾아가 말씀을 청하고 또 자신이 들은 말을 실천하던 때에는, 하나님은 노인들에게 할 말씀들을 주셨지. 그러나 요즘 사람들은 말씀을 청하고서도 들은 것을 행하지 않기에, 하나님은 노인들로부터 말씀의 은총을 거두어들이셨네. 그래서 이제 그들은 아무런 말씀을 갖지 못하게 되었지. 더 이상 그들의 말을 실천하는 사람들이 없기 때문이라네." 이 말을 듣자 형제들은 탄식하며 말했다. "아바시여, 우리를 위해 기도해 주소서."[4]

제자들은 말씀을 듣고자 아바 펠릭스를 찾아간다. 그런데 그 교사는 어떻게 반응하는가? 그는 침묵을 지킨다. 길고도 고통스러운 침묵. 그는 교사가 지녀야 한다고 여겨지는 재빠른 말솜씨로 대답하지 않는다. 그는 은혜를 값싸고 헤프게 내어주지 않는

3_ 가르침 배후에 숨겨진 가르침

다. 대신, 그는 교사라면 거의 피하려고 하는 모험을 기꺼이 감수한다. 말을 하지 않는 모험, 권위 있는 말로 온통 채우리라 기대되는 장소에서 오히려 긴장과 당혹스러움을 만들어 내는 모험이다. 아바 펠릭스가 마침내 입을 열었을 때도, 그 말은 오히려 침묵을 강화시켜 줄 뿐이다. "오늘날에는 더 이상 말씀이 없다네."

물론 지금처럼 그 때도 수없는 말들이 있었다. 수없이 끝없이 많은 말들. 은둔자들은 바로 그런 말들을 피하여 사막으로 갔다. 그리고 그 말들은 은둔자들이 추구했던 말, 즉 진리의 말, 실재와 관계를 맺는 말이 아니었다. 그 말들은 그 때나 지금이나, 지배와 소유와 통제의 말들이다. 아바 펠릭스를 찾아갔던 학생들은 분명 그런 말들을 원했을 것이다. 그들은 삶 대신 말을, 실재 대신 보고를, 삶에 대한 환상만 만들어 낼 뿐 삶에 대한 책임은 면제시켜 주는 말, 자신이 의지하고 도피할 수 있는 권위 있는 말을 원했던 것이다.

따라서 아바 펠릭스는 학생들을 말없는 세계로 인도해 들인다. 그는 그들의 언어를 낮추고, 우리가 말로 실재를 창조해 낼 수 있다는 환상을 허물어뜨리기를 원한다. 그는 우리의 말과 세계가 어디서부터 오는지를 알고 있다. 참된 말과 참된 세계는 인간 정신의 구성물이 아니라 은혜의 선물이라는 것, 우리가 지식으로 세계를 만들려는 환상을 버릴 때 비로소 얻을 수 있는 선물이라는 것을 알고 있다. 아바 펠릭스는 학생들을 사막의 침묵 속으로, 그들의 지성이 만들어 낸 구조들은 살아 남을 수 없는 황량한 공간으로 깊숙이 데리고 들어간다.

그러고 나서 아바 펠릭스는 그들에게 왜 진리의 말들이 사라져 버리게 되었는지를 말해 준다. 교사들에게서 진리의 말들이 사라지게 된 이유는, 학생들이 그 말들을 따르지 않았기 때문이다. 즉 진리가 떠나 버린 것은, 학생들이 자신이 배운 것과의 언약으로 들어가는 데 실패했기 때문이라는 것이다. 이러한 가르침은 내가 앞서 설명한 권위주의적이고 교사 중심적인 교수법과 어떻게 다른가? 관습적 교육에서는 학생들이 삶에서 어떻게 반응하는지는 중요하지 않다. 그 교육법은 학생들에게 주관적인 요구를 하지 않는다. 그것은 '객관적'이기 때문이다. 관습적 교육에서는, 교사와 학생과 학과는 각각 자율적인 대상들일 뿐, 언약의 공동체 안에서 서로 관계를 맺고 있지 않다.

그러나 사막에서는 그러한 관계들이 바로 중심이 된다. 아바 펠릭스, 그의 학생들 그리고 그의 말들 사이에는 심원한 언약의 공동체가 있다. 어느 한 편이라도 언약을 깨뜨리면, 진리 자체가 깨진다. 아바 펠릭스는 만일 진리를 가르치려면 교수와 학습이 진리 자체—즉 신실한 관계들의 공동체—의 모양을 취해야 한다고 말한다. 진리 안에서의 교육은 반드시 교사와 학생과 학과를 서로에 대한 언약으로, 교육이 전달하려 하는 진리의 형상으로 인도해야 한다.

이 이야기는 학생들이 교사의 말을 그대로 기록하는 것으로는 충분하지 않다는 것을 말해 준다. 아니, 학생들이 그 말에 대해 숙고하고 평가하고 정신적으로 동의하는 것으로도 충분하지 않다. 진리를 배우기 위해서는 그 말들이 드러내 주는 바와 인격적인 관계 속으로 들어가야 한다. 진리를 알기 위해서는 우리의 삶으로 그 진리를 따라가야 한다. 이런 교육에서는 교사, 학생, 학과의 관계가 순종의 관계가 된다.

'순종'은 노예적이고 무비판적인 추종을 뜻하지 않는다. '순종'(obedience)은 '듣는다'는 의미의 라틴어 어근 '아우디레'(*audire*)에서 나왔다. 순종하기 위해서는 주의 깊게 분별할 줄 아는 귀, 당시 상황의 실재에 귀기울일 줄 아는 귀, 모든 실재에 반응하게 해주는 듣기가 필요하다. 아바 펠릭스 자신이 바로 이러한 진정한 순종의 모범이다. 불순종하는 학생들, '말씀을 청하고서도 들은 것을 행하지 않는' 학생들을 마주했을 때, 아바 펠릭스는 공허한 말을 요구하는 그들에게 노예적으로 반응하지 않는다. 대신, 그는 그 학생들의 삶의 실재에 순종적으로 반응한다. 즉, 그는 그들이 삶 대신 말을 원하고 있음을 직시하고 그들에게 말 대신 침묵을 준다. 이러한 진정한 순종의 반응을 통해, 아바 펠릭스는 그들의 언약이 깨어졌음을 드러내고 학생들을 새로운 진리, 새로운 삶의 문턱으로 인도한다.

이 이야기에서 진리가 언약으로 이해되고 있다는 것은, 아바 펠릭스가 학생들에게는 단지 교사의 말을 듣고 거기에 반응하는 능력뿐 아니라 또한 그러한 말을 불러일으키는 능력도 있다고 생각한다는 점에서 잘 나타난다. 진리는 듣고 배우는 자들의 순종을 통해 교사에게서 불러일으켜진다. 그러므로 만일 학생들에게 그러한 자질이 결여되어 있다면, 교사의 말은 떠나가 버리고 만다. 교육에 대해 글을 쓰는 사람들은 흔히 '교육하다'(educate)의 어원적 의미는 '이끌어내다'(draw out)라는 사실을 상기시켜 주면서, 교사의 임무는 학생들에게 사실들을 채워 넣는 것이 아니라 학생들의 내면에 들어 있는 진리를 불러일으키는 것임을 일깨워 준다. 그러나 아바 펠릭스의 이야기는 동전의 다른 면을 보여 준다. 여기서는 어떻게 학생들이 교사에게서 진리나 침묵을 이끌어낼 수 있는지, 아니면 그것을 짓눌러 버릴 수 있는지를 보게 된다.

교사로서 나는 아바 펠릭스 이야기의 이 부분에서 많은 위안을 얻는다. 왜냐하면 그것은 교사인 내게 진리의 말이 부족한 것의 책임을, 진리를 따라 살고 있지 않는 학생들에게 돌리기 때문이다. 이 이야기는 많은 대학 교수들, 특별히 교양 과목을 가르치는 교수들의 비탄 어린 불평을 참으로 아름답게 반향해 주고 있다. "그저 높은 학점을 받아 보수가 높은 좋은 직장에 들어가는 데만 관심 있는 학생들에게 어떻게 진리를 가르칠 수 있단 말인가?" 이는 터무니없는 불평이 아니다. 배움의 열정으로 충만한 학생을 가르칠 때 자신의 사고와 감정이 일깨워지는 것을 느껴 본 교사라면 누구나 그 마음을 이해할 수 있을 것이다. 학생들은 **정말로** 그들의 교사에게서 말을 불러일으킨다. 돈만이 배움의 목적인 학생들은, 돈만이 목적인 가르침을 이끌어낸다는 것은 엄연히 공정한 일이다.

그러나 이것이 이야기의 전부가 아니다. 교사가 처해 있는 곤경의 책임이 오로지 학생들에게만 있을 수 없다. 그것이 아무리 교사에게 위안이 된다 할지라도 말이다. 다른 모든 위대한 이야기들과 마찬가지로, 아바 펠릭스의 이야기 역시 미묘한 함의를 갖고 있다. 이 이야기는 단순히 교실 안의 학습자에 대한 것이 아니라, 교사의 내면에 있는 학습자에 대한 것이기도 하다. 즉, 만일 우리가 우리 안의 학습자인 자아가 듣고 따르도록 하지 않으면서 그저 우리 안의 교사로서의 자아가 말을 하게 한다면, 그 때는 우리 자신의 진리, 즉 우리가 우리 자신과 맺은 언약이 깨어지고 만다. 가르치는 일에는 바로 이와 같은 자기 분열의 위험이 따른다. 자신은 삶 속에서 따르지 않는 거창하고 힘있는 말들을 하는 말쟁이가 되어 버릴 위험 말이다. 그러한 일이 일어나면, 우리는 교사로서의 진정한 말들을 잃어버리고 만다.

이런 관점에서 볼 때, 아바 펠릭스의 이야기는 내가 학계에 몸담고 있을 때 겪었던 고통스러웠던 기간을 이해하는 데 도움을 준다. 나는 학교에서 말하고 쓰는 법을 배운 이래 오랜 세월 동안 아주 많은 분량의 말을 해 왔다. 그런데 어느 날 메마름의 시기가 찾아와 교실에서 수업을 하는 것, 공적인 연설을 하는 것, 출판을 위해 글쓰는 것, 심지어 개인적인 글을 쓰는 것도 너무도 어려운 일이 되어 버렸다. 그런 경험은 거의 2년 동안이나 지속되었다. 나는 절망, 분노, 의기소침에 빠져들었다. 마침내 나는 말을 말라

붙게 만든 원인은 대학 환경에 있다고 확신하면서 대학 교수직을 떠났다.

그러나 지금 나는 그 때의 경험이 내게 가르치고자 한 바를 더 깊이 깨닫고 있다. 말들이 떠나기 시작했던 것은 바로 내가 삶 속에서 그것들을 따르지 않았기 때문이다. 나는 받은 진리를 육화하지 못했고, 따라서 육신을 갖지 못한 말들은 생명력도 재생력도 없는 해골에 불과했던 것이다. 그러나 교실에서 언급했던 사회적 관심사에 대해 직접 행동하기 시작했을 때, 전에 글로 썼던 공동체 비전을 직접 실천하기 위한 노력을 시작했을 때, 비로소 나의 말들이 다시 돌아오기 시작했다.

나의 문제는 거꾸로 표현될 수도 있다. 즉, 나의 삶이 나의 말을 따라가지 못했다는 것은 또한 나의 말이 삶의 진리로부터 나오지 못했다는 말도 된다. 나는 나 자신의 삶이 얼마나 부족한지 인정하지는 않고 그저 거창한 가능성에 대해서만 말했다. 그러나 우리가 받은 진리에 따라 사는 경우가 거의 없다고 해서 진리를 말하기를 그만두어야 하는 것은 아니다. 그 대신, 우리는 진리 전체에 순종해야 한다. 자신이 진리대로 사는 데 번번이 실패하고 있다는 진실도 포함해서 말이다. 만일 우리가 우리 자신에 대해 또 서로에 대해 그렇게 할 수만 있다면, 진리의 말들은 계속해서 주어질 것이고 우리는 그 말들을 더 온전히 삶으로 실천할 수 있는 능력을 얻게 될 것이다.

아바 펠릭스의 이야기는 학생들이 교사에게 "말씀을 해 달라"고 간청하는 것으로 시작한다. 순종하고 있지 않은 그들에게는 아무런 생명도 줄 수 없는 말을 말이다. 그러나 이 이야기는 학생들이 전혀 다른 종류의 말을 요청하는 것으로 끝나고 있다. "…형제들은 탄식하며 말했다. '아바시여, 우리를 위해 기도해 주소서.'" 이러한 간청이 의미하는 바를 이해하는 것은 중요한데, 왜냐하면 그것은 아바 펠릭스가 그의 학생들을 진리의 문턱으로 인도했음을 보여 주기 때문이다.

첫째, 그 간청은 학생들이 교사에게서 말이 사라져 버린 것에 대한 책임을 받아들였음을 보여 준다. 그들은 자신이 교사와 그의 가르침과 맺은 언약이 깨어졌음을 인정했다. 교사에게 기도를 요청하는 그들은 지금 깨어진 공동체의 화해를 요청하고 있는 것이다. 둘째, 학생들이 교사에게 기도를 요청하는 것은, 그들이 자신의 교육이 다다른 막다른 곤경에 대해 깊이 이해하게 되었음을 보여 준다. 그들의 문제는 기술적인 것이 아니라 영적인 것이다. 문제는 더 나은 교수·학습법에 의해서가 아니라, 오직 변화시키는 지식을 찾고자 하는 그들의 의지에 의해 해결될 수 있다. 교사에게 기도를 요청하는 학생들의 모습은, 회심하고자 하는 갈망을 보여 준다. 그들은 오직 회심을 통해서만 그들 자신과 교사 그리고 세계와의 언약으로 들어갈 수 있다. 우리는 "…형제들은 탄식하며 말했다. '아바시여, 우리를 위해 기도해 주소서'"를 실패한 교육에 관한 불행한 이야기의 슬픈 결말로 오해하지 말아야 한다. 반대로 그것은 아바 펠릭스가 학생들을 진정한 앎의 문턱으로, 완전히 기도로 충만한 교육의 문턱으로 인도했음을 보여 주는 결말이다.

물론 아바 펠릭스 이야기는 오래 전, 또 먼 곳의 이야기다. 이 이야기는 지금 우리와는 상당한 차이가 있는 신앙과 배움의 문화를 전제로 하고 있다. 그렇다고 이 이야기를 한갓 유물로 여기는 사람이 있다면, 그것은 잘못이다. 왜냐하면 이 이야기는, 그 역동적인 힘이 보여 주는 바, 영원하고 보편적인 성질을 갖고 있기 때문이다. 이 이야기는 오늘날에 와서도 거의 마찬가지인 교육의 문제들을 드러내 준다. 즉, 그것은 진리에 저항하는 학생들, 그들에 대해 절망에 빠진 교사, 가르치고 배우는 공동체의 와해에 대해 말해 준다. 모두 오늘 우리를 위한 이야기인 것이다. 그러나 또한 이 이야기는 그런 문제들에 대해 단순히 교수 기법으로써가 아니라, 엄하고 호된 사랑에 근거를 둔 진리 개념으로써 응답할 줄 아는 교사에 대해서도 말해 준다. 아바 펠릭스는 가르침에 대해 많은 것을 가르쳐 준다. 하지만 그보다 먼저 우리는 그의 가르침에 생기를 불어넣어 주는 진리에 대해, 공허한 말을 들려 달라는 학생들의 요구를 거부할 수 있도록 해주었던 지식의 본질에 대해 더 많은 것을 배워야 한다. 그런 다음에야 비로소 우리는 오늘의 우리를 진리에 대한 순종으로 이끌어 줄 수 있는 교수와 학습 방법에 대해 탐구할 준비를 갖추게 될 것이다.

4 ● 진리란 무엇인가?

진리는 인격적이다

　　　　　　기독교 본연의 신앙, 아바 펠릭스가 따랐던 그 신앙은 "내가…진리다"라고 말씀하신 한 인격에게 중심을 두고 있다. 예수님은 "나는 너희에게 참된 말을 할 것이다"라거나 "나는 너희에게 진리에 대해 말해 줄 것이다"라고 말씀하지 않으셨다. 대신 그분은 진리는 다름 아닌 자신의 인격 안에 구현되어 있다고 주장하셨다. 예수님은 진리를 알고자 하는 사람들에게 논리를 통해 검증될 수 있는 명제나, 실험실에서 시험될 수 있는 데이터를 제시하지 않으셨다. 대신 그분은 자기 자신과 자신의 삶을 제시하셨다. 진리를 추구하는 사람들은 그분과의 관계로, 또 그분을 통해 인간 및 비인간 세계로 이루어진 전체 공동체로 초대되었다. 실재와의 인격적 관계로 부르는 초대에 중점을 두고 있는 아바 펠릭스의 가르침은 바로 예수님이 가르치신 방식에 충실한 가르침이었던 것이다.

　초대 기독교는 명제적 진리가 아닌 인격적 진리를 중심으로 삼았기에, 그 가장 심원한 통찰들은 다름 아니라 사람들에 대한 이야기의 형태로 전해 내려오고 있다. 다음 이야기도 그런 예 중 하나다. 우리는 이 이야기에서 객관주의 왕국에 대한 도전을 목격하게 된다. 우리는 이 이야기를 통해 진리가 무엇인지 그리고 진리는 어떻게 알려지는지에 대한 대안적 시각을 발견하게 된다.

이것은 요한복음 18장에 나오는 이야기다. 예수님이 재판을 받기 위해 빌라도 앞으로 끌려오셨다. 빌라도는 예수님께 "네가 [네 백성] 유대인의 왕이냐?"라고 묻는다. 예수님은 "그것은 네 말이냐? 아니면 나에 관해서 다른 사람들이 들려준 말을 듣고 하는 말이냐?"라고 대답하신다. 빌라도는 화를 내면서 **자신은** 예수님의 백성인 유대인이 아니며 예수님을 재판에 넘긴 것은 바로 **그들** 유대인이라고 말한다. 그는 예수님에게 그 이유를 설명하라고 요구하면서 "도대체 너는 무슨 일을 했느냐?"라고 묻는다. 예수님은 "내 왕국은 이 세상 것이 아니다"라고 대답하신다. 그리고 자신의 체포와 재판을 막기 위해 제자들이 공권력과 싸우지 않았던 사실을 그 증거로서 빌라도에게 상기시켜 주신다. 이러한 탈속적인 대화를 세속적으로밖에는 받아들이지 못하는 빌라도는, "아무튼 네가 왕이냐?"라고 소리지른다. 예수님은 "내가 왕이라고 네가 말했다. 나는 오직 진리를 증언하려고 났으며 그 때문에 세상에 왔다. 진리 편에 선 사람은 내 말을 귀담아 듣는다"라고 말씀하신다. 그러자 빌라도는 예수님에게 그 유명한 질문을 던진다. "진리가 무엇인가?"(공동번역)

빌라도는 냉소적 비웃음 혹은 절망 어린 한숨과 함께 그 마지막 질문을 던졌을 것이다. 아마 둘 다 섞여 있었으리라. 그러나 '진리'라는 단어에서는 냉소도 절망도 찾아볼 수 없다. 우리도 빌라도처럼, 도달할 수 없는 것 심지어 몽상적인 것을 가리키는 데 그 단어를 자주 사용하긴 하지만 말이다. 빌라도의 편견은 바로 그 '무엇'(what)이라는 단어에서 드러난다. 빌라도는 그 단어를 통해 자신이 객관주의자의 전형임을 드러내고 있다. 그는 진리를 '무엇으로 보는 생각'(whatness)에 사로잡혀 있다. 지금 그의 앞에는 자신의 인격 안에 진리를 구현하고 계신 분이 서 계심에도 불구하고 말이다. 그분은 '저쪽 바깥'에 있는 객체가 아니라, 주체인 빌라도 자신의 삶 속으로 들어오려 하는 주체다.

빌라도는 첫 대면의 순간부터 예수님을 '왕'이라는 범주에 강제로 밀어넣음으로써 그분을 객관화하고자 한다. 그는 예수님을 당시의 정치적 술어로써 이해 가능하고 처분 가능한 대상으로 만들고자 하는 것이다. 그러나 인격이신 예수님은 빌라도의 범주들을 거부하신다. 예수님은, 빌라도의 첫 질문이 인격적 이해가 아닌 비인격적 희화(caricature)에서 비롯하는 것임을 지적하시면서, "그것은 네 말이냐? 아니면 나에 관해서 다른 사람들이 들려준 말을 듣고 하는 말이냐?"고 물으신다. 예수님은 자신의 '왕국'은 이 세상에 속한 것이 아니라고, 다시 말해 그것은 객관적인 정치적 술어로 파악될 수 없다고 말씀하신다. 그분은 자신의 존재 이유에 대하여 자신의 출생과 관련된 인격적 주장을 제기하신다. 그러나 빌라도는 이러한 인격적 진리를 이해할 만한 사람이 아니다. 그는 그 인격을 자기로부터 멀찍이 두고, 그분을 하나의 대상, 사물, '무엇'으로 대하고 있기 때문이다. 빌라도는 진리를 객관적 술어로 환원시킴으로써 스스로 진리가 도달할 수 없는 자리에 가 있다. 마침내 그는 자신에게 지배력을 보장해 주는 객관주의를 위해, 자신을 대화로 부르는 인격적 진리를 살해하는 일에 동의하고 만다.

이 이야기는 기독교적 이해에서 진리는 '저쪽 바깥'에 있는 대상도, 그러한 대상에 대한 어떤 명제도 아님을 보여 준다. 진리는 인격적이며, 모든 진리는 인격적인 관계를 통해 알려진다. 예수님은 이러한 인격적 진리의 패러다임이자 모델이시다. 전에는 추상적이고 원리적이고 명제적인 것으로 이해되었던 진리는, 예수님을 통해 돌연 인간의 얼굴과 인간의 모양을 갖게 된다. 육신이 없었던 '말씀'이 예수님 안에서 육신을 취해 우리 가운데 살게 된다. 예수님은 우리를 진리로 부르시는데, 어떤 신조나 신학이나 세계관으로 부르시는 것은 아니다. 이 진리로의 부르심은 공동체로의 부르심이다. 그분과의 공동체, 다른 사람들과의 공동체, 창조 세계와 창조주의 공동체로의 부르심이다. 우리가 알고 있는 것이 우리와 분리된 추상적이고 비인격적인 어떤 것이라면, 그것은 진리일 수 없다. 왜냐하면 진리는 인식 주체와 인식 대상 사이의 개방적이고 신실하고 모험적인 상호 침투(inter-penetration)를 의미하기 때문이다. 예수님은 객관주의 뒤에 숨어 있는 빌라도를 살아 있는 언약 관계로 부르신다. 그러나 비인격적인 객관주의적 '무엇' 뒤에 숨어 있는 빌라도는 그 부르심에 응답할 수 없다.

예수님을 인격적 진리의 패러다임으로 보는 주장은 종종 왜곡되어 왔는데, 이는 기독교 전통 바깥에 있는 사람들에 의해서 그렇게 될 때도 있었지만 대개는 기독교 전통 안에 속한 사람들이 그렇게 함으로써 큰 해를 끼쳐 왔다. 너무 자주 그리스도인들은 두 가지 극단적인 방식 중 하나로 "예수님을 안다"는 말을 해 왔다. '예수님을 아는 지식'만 있으면 (물리학이나 심리학이나 영문학 같은) 다른 모든 영역에 대해서는 전혀 몰라도 된다는 식으로 말하는 신자들이 있다. 그런가 하면, '예수님을 아는 지식'을 오로지 '종교'라 불리는 영역으로만 한정시키고는, 서로 완전히 무관한 것들인 양 다른 형태의 앎을 추구하는 신자들이 있다. 그리스도인들이 이런 방식으로 예수님을 '알' 때, 다른 사람들이 기독교의 '진리'는 삶의 다른 영역에 대해서는 완전히 무의미한 것 혹은 허다한 악을 초래하는 일종의 원칙적 무지를 낳는 것이라고 보아 배격하는 것은 당연하다.

예수님이 "내가…진리다"라고 말씀하셨을 때, 그분은 한 개인에 대한 독특한 주장을 하신 것이 아니다. 우리가 알아야 하는 전부이거나 다른 모든 지식과 분리 가능한, 그런 고립된 관계로 우리를 초청하신 것이 아니다. 예수님의 주장은 자신의 생각에 모든 진리가 담겨 있다거나, 자신의 진리가 다양한 형태를 가진 진리를 추구해야 할 필요로부터 우리를 자유롭게 해준다는 말이 아니었다. 사실 그 때 그분은 실재에 대한 그리고 실재와 우리의 관계에 대한 새로운 이해를 선언하시고 그것을 육화시키신 것이다. 진리는—어디에서 발견되든, 또 그 형태가 무엇이든—인격적이며, 인격적인 관계 안에서 알려진다. 진리의 말을 추구하는 것은 다른 사람과의 그리고 모든 창조 세계와의 공동체를 추구하는 것이다. 진리의 말을 하는 것은 우리의 삶을 사는 것이다.

우리는 진리라 불리는 이러한 관계 속으로 들어갈 때, 단순히 예수라 불리는 한 개인뿐만 아니라, 또한 단순히 우리 자신과 다른 사람들 속에 있는 진리뿐만 아니라, 마틴 부버(Martin Buber)가 말하는 바 더 이상 '그것'(It)이 아닌 철저하고 심원하게 '너'(Thou)인 우주 전체를 발견하게 된다. 예수님이 인격화하신 진리의 말은 "만물이 그로 말미암아 지은 바 되었으니 지은 것이 하나도 그가 없이는 된 것이 없는"(요 1:3) 바로 그 말씀(the Word)이다. 우리는 다른 사람들뿐만 아니라 우주 안의 모든 비인간 형태의 생명과 '너됨'(Thouness)의 유대를 이루어 즉 공동체의 유대를 이루어 배우고 살아가야 한다. 그리스도인들이 예수님의 증언을 제대로 이해하지 못한다면, 그것은 예수님을 객관화하고 축소하는 것이며 하나님의 진리를 제한하는 것이며 '너'로 불릴 필요가 절실한 이 세계를 저버리는 것이다.

예수님의 인격적 진리에 대한 이러한 해석은 비그리스도인들에게는 처음부터 편안하게 받아들여지지는 않을 것이다. 그들은 내가 우주를 기독교화하려 한다고, 다른 영성들은 빗속에 그냥 내버려두고 신학의 우산 아래로 창조 세계 전체를 가져오려 한다고 의심할 것이다. 그들로서는 당연히, 내가 예수님을 다시 상자 속에 가두기를, 내 신앙을 종교 영역에만 제한시키기를 바랄 것이다.

그러나 내가 보는 견지에서는 예수님의 인격적 진리는 결코 분리적이거나 차별적이지 않다. 궁극적으로 그것은 넓은 포용력을 가지고 있다. 바울이 말하듯이, 그리스도 안에서의 삶은 우리 사이의 모든 문화적 구별의 벽을 허물어뜨린다(갈 3:28). 지금 나는 모든 사람이 교리적 일치를 이루거나 교회 구성원이 되도록 밀어붙이거나 끌어당기는 데 목표를 둔 객관주의적 신학을 주장하는 것이 아니다. 예수님 안에서 인격적 진리의 패러다임을 발견하기 위해 반드시 그분을 주와 구세주로 받아들일 필요는 없다. 진리는 인격적이라고 말하는 것은 각 개인의 심장부에 있는 진리의 형상을 긍정하는 것이다. 그의 신조나 소속된 조직이 무엇이든 상관 없이 말이다. 실로 진리가 인격적이라면, 신조나 제도는 모든 인간의 심장부에 박동하고 있는, 진리를 추구하는 삶을 보호해 주는 객관화된 외피일 뿐이다. 우리는 신학이 제시해 주는 세련된 논점이나 소속 조직에 대한 충성에서가 아니라, 우리가—서로, 또 창조 세계 전체와—맺는 관계들 안에서 질적으로 진리를 발견할 것이다. 실재의 '너됨'을 이해하는 마틴 부버 같은 사람은 그리스도인들을 무색하게 할 만큼 깊이, 자신의 유대인이라는 정체성 안에서 인격적 진리를 구현하고 있다.

이러한 종교 상호간 이해의 문제는 중요한 것이다. 그러나 편협하고 승리주의적인 영성들이 자연과 인류의 우주적 공동체에 대한 주된 장애물은 아니라는 것을 깨닫는 것은 더 중요하다. 주된 장애는 다름 아니라 우리 모두를 '사물'로 만들어 버리려는 객관주의다. 이 객관주의는 종교적 혹은 세속적 이데올로기들의 자극을 조금만 받아도 쉽게 분리, 조작, 압제와 같은 정치적·사회적 프로그램으로 바뀐다. 오늘날 [기독교의 도덕적 다수파(Moral Majority) 혹은 이슬람 근본주의자들과 같은] 몇몇 분파주의 운동들이 공동체에 가하는 위협은, 그들의 영적 전통의 중심으로부터 오는 것이 아니라, 자신의 편이 아닌 사람들 모두를 가능하다면 개종의 대상으로, 필요하다면 제거의 대상으로 환원시키는 객관주의로부터 유래한다. 예수님 안에 구현된 인격적 진리는 그러한 모든 왜곡과 맞선다. 그것은 그분의 이름으로 행해지는 왜곡에 대해서도 마찬가지다.

관계를 맺을 수 있는 역량

관계의 질에 강조점을 두는 기독교의 인격적 진리는, 인식론 즉 앎에 대한 접근법이 아니라 흔히 윤리 즉 삶에 대한 접근법으로 여겨진다. 앞에서 나는 어떻게 객관주의적 인식론이 거리 두기와 조작의 윤리가 되는지를 보여 주었다. 이제 나는 어떻게 기독교의 인격주의(personalism) 윤리가 참여와 책임성의 인식론이 되는지를 보여 주고자 한다. 이를 통해 또한 나는 지식의 기원에 대한 몇몇 현대적 이론이 이러한 고대적·'원시적' 방식의 앎을 확증하고 있다는 것도 보여 줄 수 있기를 희망한다.

무릇 모든 인식론이 답해야 하는 첫 번째 질문을 슈마허는 이렇게 표현한다. "무엇이 사람으로 하여금 주위 세계에 관한 어떤 것을 알게 해주는가?"[1] 슈마허에 따르면 우리는 그 질문과, 그 대답을 향한 첫 단계를 고대 전통에서 발견할 수 있다.

> 플로티누스(Plotinus)는 "인식하기 위해서는 인식 대상에 적합한 기관이 필요하다"고 말했다.…인식 주체의 구조 안에 적합한 '도구'가 없다면, 어떠한 것도 알려질 수 없다. 이것이 바로 '아다이쿠아티오'(*adaequatio*, 적합한 도구)의 위대한 진리다.…인식 주체의 이해는 반드시 그 인식 대상에 **적합해야만**(adequate) 한다…."(토마스 아퀴나스의 말에 따르면) "지식은 인식 대상이 그 인식 주체 내부에 존재할 때만 생기는 것이다."[2]

'아다이쿠아티오' 이론은 분명 옳은 것이다. 지식이 인식 주체와 인식 대상의 만남의 결과로 생기는 것일진대, 인식 주체 안에는 인식 대상을 받아들일 수 있는 내적 역량이 반드시 있어야 한다. 우리에게 4차원을 상상할 수 있는 역량이 결여되어 있다면, 우리는 3차원 이상의 세계는 결코 알 수 없을 것이다. 그렇다면 우리로 하여금 세계를 알게 해주는 역량 혹은 도구는 무엇인가? 객관주의는 대답하기를, 그것은 대상을 파악할 수 있는 감각 기관과, 그러한 대상을 이성적이고 논리적인 방식으로 연관지어 설명할 수 있는 지성이라고 한다. 이러한 관점에 따르면, 실재의 본질적인 구조는 경험적이고 논리적이며 지식은 우리의 감각과 지성이 그러한 실재를 포착할 때 출현하는 것이다.

그러나 왜 우리는 감각과 이성을 인간 자아와 세계 사이의 유일한 상응 지점으로 가정해야 하는가? 인간의 자아에는 직관, 공감, 감정, 신앙 등 그 밖의 다른 역량들도 풍부한데 말이다. 만약 이러한 능력들을 통해 알 수 있는 것이 전혀 없다면, 왜 우리가 그것들을 갖고 있겠는가? 그것들은 단지 감각과 이성을 통해서만 알려질 수 있을 뿐인 이 무미건조한 우주 가운데 그저 우리의 오락을 위해 존재할 뿐인가? 아니면 그러한 비경험적이고 비이성적인 능력들도 '아다이쿠아티오'의 한 측면인가? 그리고 그것들과, '아다이쿠아티오'의 다른 측면인 감각과 이성이 완전한 협력 관계를 맺어야만 비로소 우리가 이 세계를 그 전체성 안에서 알 수 있는 것인가? 우리 자신은 우리가 알고자 하는 실재의 일부다. 그렇다면, 우리의 인식 양식이 다양하다는 것은 실재의 본질도 마찬가지로 다양하다는 것을 시사해 주는 것이 아니겠는가?

'아다이쿠아티오'에 대한 기독교적 이해는 감각과 이성을 넘어 전인(全人)의 실재로까지 나아간다. 그 방향으로 가는 첫 단계를 슈마허는 이렇게 말한다.

'인간이 바깥 세계를 아는 도구는 무엇인가?'라는 질문에 대한 답은…분명하다. '그가 가지고 있는 모든 것'—그의 살아 있는 몸, 지성, 자기를 인식하는 영혼(self-aware Spirit)이다.…인간에게 많은 인지 도구들이 있다는 말도 자칫 오해를 불러일으킬 수 있다. 왜냐하면 사실, 그 **인간 전체**가 단일한 도구이기 때문이다.… '아다이쿠아티오'의 위대한 진리는, 인지 도구들을 제한적으로 사용하면 실재를 편협하고 빈곤하게 만드는 결과를 초래한다는 것을 가르쳐 준다.[3]

그러나 우리는 전인에게서 감각과 이성 이상의 것, 여러 인지 도구의 집합 이상의 것, 심지어 슈마허의 옳은 주장인 '단일한 도구'로서의 인격 이상의 것을 발견한다. 우리는 그 모든 것을 발견하지만, 또한 궁극적으로 우리 자아의 모습을, 즉 그 자아는 단순히 아는 것이 아니라 관계 안에서 알며 그것이 관계를 위한 수단임을 발견한다. 자아는 그 각 부분의 총합보다 더 위대하다. 그것은 모든 지각 양식을 넘어서서—즉, 관찰자로서의 고립을 넘어서서—인식 대상인 세계와의 관계 속으로 들어갈 수 있는 능력이 있기 때문이다. 자아는 무엇보다도 공동체적이며, 그 공동체성은 '우리가 가지고 있는 모든 것'에 의지한다.

자아가 맺는 관계들은 단순히 타자에 대한 감각적 증거나, 원인과 결과의 논리적 연계만을 요구하지 않는다. 그 관계들은 또한 공감에서 비롯하는, 타자에 대한 내적 이해를 요구한다. 사랑에서 비롯하는, 타자의 가치에 대한 깨달음도 요구하며, 신앙에서 비롯하는, 관계의 기원과 목적에 대한 감각을 요구하고, 자기 존중에서 비롯하는, 타자의 독자적 온전함과 자아에 대한 존중을 요구한다. 우리 자신과 세계 사이의 가장 넓은 '아다이쿠아티오'—즉 실재를 편협하거나 빈곤하게 만들지 않는 인식 도구—는 다름 아니라 우리가 관계를 맺는 역량이다. 우리는 타자와 관계를 맺을 때, 관찰자 역할로는 결코 일깨워 낼 수 없는 '도구들'에 의존하고 있음을 발견한다. 우리의 관계성이 발현될 때, 우리는 관찰자가 알 수 있는 것보다 더 깊고 온전하게 실재를 알고 있음을 발견하게 된다.

실재의 구조는 경험주의나 이성주의의 원칙만 가지고는 다 파악할 수 없다. 실재의 궁극적인 구조는 다름 아니라 존재들의 유기적, 상호 관계적, 상호 반응적 공동체이기 때문이다. 관계—사실이나 이성이 아니라—가 실재를 여는 열쇠다. 즉, 우리가 그러한 관계로 들어갈 때 비로소 실재에 대한 지식이 우리 앞에 열리게 된다. 인간이 그 공동체의 유일한 참여자는 아니지만, 인간만이 자의식적이고 분명한 방식으로 거기에 참여할 수 있는 역량을 가지고 있다. 의식적이고 반성적인(reflective) 관계에 대한 역량이 커지는 만큼 지식 또한 커진다. 지식 탐구에서 우리의 가장 깊은 소명은, 사물들을 관찰하고 분석하고 변경시키는 데 있지 않다. 가장 깊은 소명은 인간과 비인간 존재의 유기적 공동체에 인격적으로 참여하는 것, 진리의 다른 이름인 돌봄과 책임성의 관계망에 참여하는 것이다.

관찰하기와 관계 맺기의 결정적인 차이점은, 관계는 언제나 쌍방적(two-ways)이라는 데 있다. 인간적 도구 전체를 사용하여 실재를 알 때, 우리는 또한 우리가 앎의 대상이기도 하다는 것을 발견한다. 우리가 감각과 논리를 통해 알 수 있는 세계는 우리에게 응답하지 못하는 세계, 우리에 대해 말해 주지 못하는 세계다. 이러한 제한된 양식의 앎에서는, 인간 밖의 세계가 제 목소리를 잃을 뿐 아니라 **인간 세계 역시** 제 목소리를 박탈당하고 만다. 여기서는 사람이 대상이나 사물로 바뀌어 버리기 때문이다. 그러나 다른 역량들―공감, 직관, 자비, 신앙―을 통해서도 알 때, 우리는 세계가 우리의 한계와 책임과 잠재력에 대해 보내 주는 미묘한 신호, 세밀한 음성, 메시지를 들을 수 있다. 우리가 자아 전체로 하여금 관계 안에서 알도록 하면, 우리는 우리가 변화의 주체인 동시에 변화의 대상이 되는, 상호적 앎의 공동체로 들어가게 된다.

알고자 하는 우리의 욕구 배후에 자리하는 가장 참된 열정은 바로 이러한 공동체를 다시 엮어 내려는 갈망, 그 안에서 자신의 합당한 자리를 찾으려는 갈망이다. 진리를 추구한다는 것은, 우리의 인격 전체를 가지고 우리와 세계를 본래의 사랑의 형상으로 재형성시켜 주는 관계들을 추구하는 것이다. 진리를 안다는 것은, 창조 세계 전체와의 상호성의 관계로 우리의 인격 전체를 가지고 들어가는 것이다. 우리가 앎의 주체가 될 뿐 아니라 또한 앎의 대상이 되기도 하는 그런 관계들 속으로 말이다.

진리는 공동체적이다

진리가 인격적이라는 말은 신중한 정의와 조건 아래서 주장되어야 한다. 왜냐하면 오늘날 객관주의에 대항하는—우리와 우리 세계를 '사물들'로 만들어 버리는 폭정에 대항하는—운동의 주류는 인격적 진리를 개인적인 술어로 환원시켜 버리는 형식의 앎이기 때문이다. 우리는 객관주의에 대항하다가, 마찬가지로 위험스러운 주관주의(subjectivism)로 빠지기 쉽다. 일단 실재가 '저쪽 바깥'에 있지 않다는 것을 보고 나면, 우리는 너무 쉽게 '여기 안쪽'의 실재 그리고 개인적인 지각과 필요에 지나지 않는 진리에 만족해 버린다. "너에게는 너의 진리가 있고 나에게는 나의 진리가 있으며 그 둘의 다름에 대해서는 전혀 신경 쓸 것 없다"는 것이 요즈음 객관주의의 폭정에 저항하는 많은 이들이 내거는 단순하기 그지없는 표어다.

역설적이게도 세계를 객관주의로부터 해방시키려는 이러한 노력은 세계를 다시 한 번 감옥에 가두는 것으로 끝나고 만다. 만약 나의 개인적인 지각이 진리의 척도라면, 만약 나의 진리가 다른 사람의 지각에 의해 도전받거나 확장될 수 없다면, 이것은 그저 타자를 객관화시키고 멀찍이 둠으로써 인격적 변화의 도전을 회피하려는 또 다른 방법에 지나지 않는다. 이러한 견해는 자아를 고립시키고, 인식 주체들의 수만큼 많은 세계를 만들어 내며, 공동체의 가능성을 파괴하고 종국적으로는 타자를 아무런 중요성도 갖지 못한 대상으로 전락시키고 만다. 상대의 세계를 부러

워하기도 혐오하기도 하지만, 그것은 결코 자신의 세계가 될 수 없다. 상대와 상대의 실재는 관찰 대상일 뿐, 내가 들어가야 할 관계는 되지 못한다. 주관주의의 배후에 자리한 충동은 반(反)객관주의적이긴 하나, 그것은 결국 우리를 같은 종착지로 데려간다. 진리가 우리와 우리 세계를 책임성과 상호 변화의 공동체 안에서 하나로 엮을 기회를 갖지 못하는 곳으로 말이다.

객관주의적 인식 이론과 마찬가지로 주관주의적 인식 이론 역시 교수법을 통해 표현된다. 어떤 교실에서는 개인적 자아가 임금 노릇을 하는데, 거기서 진리는 그 자아가 보고 느끼고 원하는 것으로 환원되어 버린다. 그러한 교수법은 다른 자아들을 무력하게 할 뿐 아니라, 우리가 공부하는 학과에도 동일한 영향을 끼친다. 만일 진리의 척도가 나의 지각과 필요라면, 과학이나 역사나 문학 공부가 내 삶에 대해 무엇을 주장할 수 있겠는가? 이러한 방식의 교수와 학습은 변화를 회피하려는 또 하나의 전략에 불과할 뿐이다. 만일 개인적인 지식이 (제아무리 충실하고 풍부하다 해도) 모든 것의 척도라면, 나는 결코 내 바깥 실재들과의 만남으로, 나를 제련하고 교정해 줄 수 있는 실재들과의 만남으로는 인도될 수 없다. 진리가 단순히 '여기 안쪽'에 있는 것이라면, 우리는 진리의 초월성과 접촉하지 못하고 언약의 공동체에 참여함으로써 얻게 되는 바 우리의 몽상에 대한 비판과도 접하지 못한다.

기독교적 이해에서는, 진리는 '저쪽 바깥'이나 '여기 안쪽'에 있지 않고 둘 모두에 있다. 진리는 우리 사이에 있고 관계 안에 있으며, 독립적이지만 책임적인 자아로 이해되는 인식 주체와 인식 대상의 대화에서 발견된다. 이러한 대화는 인격적 진리를 주관주의로부터 구해 준다. 왜냐하면 진정한 대화는, 타자 안에는 나의 지각과 필요로 환원될 수 없는 독자적인 온전함이 있음을 인정할 때에야 비로소 가능해지기 때문이다. 따라서 진리가 인격적이란 말은, 진리를 개인적이고 주관적인 술어들로 제한시키는 것이 아니다. 타자를 한 인격으로서 만나는 것은 우주 안에서 가장 객관적이고 환원 불가능한 실재를 만나는 것이다. 사물과 달리 **인격**은, 우리가 그것을 우리의 제한적이고 이기적인 형상으로 축소시키려고 강제할 때 적극적으로 저항하기 때문이다.

인격의 이러한 철저한 객관성은 예수님과 빌라도의 만남에서 잘 예증되고 있다. 빌라도는 "네가 **왕이냐?**"라고 말하며 예수님을 당시의 정치적 범주에 강제로 집어넣으려고 한다. 그러나 인격이신 예수님은 거기에 저항하신다. 그분은 빌라도의 술어로 환원되기를 거절하신다. 대신 그분은 자신의 독자적인 온전함과 인격성을 주장하신다. 그분은 "내가 왕이라고 **네가** 말했다"(공동번역)라고 말씀하신다. 그런 뒤, 자신이 이해하는 자신은 누구인지를 빌라도에게 말씀하신다.

여기에 중요한 역설이 있다. 객관주의는 세계를 사물들의 집합체로 환원시킴으로써, 인식 주체를 그가 내리는 정의에 수동적으로 굴복할 뿐 말 못하고 생기 없는 대상들의 영역에 데려다

놓는다. 이런 의미에서 객관주의는 가장 주관적인 세계를 만들어 낸다. 우리 자신의 형상대로 만들어진 세계, 저항을 통해 자신의 자아됨(selfhood)을 주장할 줄 모르는 대상들의 세계를 만들어 내는 것이다. 그러나 세계를 인격적 진리의 관점에서 알고자 노력할 때-대화 가운데 상대와, 역사와, 자연과 관계를 맺을 때-우리는 어디서나 인격을 만나게 된다. 실재에 대한 우리의 개인적 왜곡에 굴복하지 않는 인격 말이다.

인격적 진리는, 과학이 목소리를 빼앗아 버린 인간들에게뿐 아니라 말 못하는 피조물들과 말 잃은 대상들에게 목소리를 준다. 인격적 진리는 그것들로 하여금 순종으로 듣고자 하는 인식 주체들에게 그것들의 진리를 말하도록 한다. 조작이나 지배가 아닌 진리의 공동체로의 참여를 추구하는 인식 주체들에게 그것들의 진리를 말하도록 해주는 것이다. 이렇듯, "진리는 인격적이다"라는 주장에 담긴 외견상의 주관주의는 오히려, 타자를 우리 자신의 한시적 생각에서 독립된 존재로 경험하는 세계, 객관주의가 만들어 내는 것 이상으로 외부성과 책임성을 가진 세계를 만들어 낸다.

인격적 진리는 우리를 개인주의가 아니라 관계와 대화와 상호 변화의 공동체로 이끈다는 내 말이 무리한 주장처럼 들리는가? 그렇다면 그것은 객관주의가 우리에게 '인격'을 타자들 사이에서 고립된 또 하나의 대상으로 여기도록 가르쳤기 때문이다. 우리는 인격은 오직 공동체 안에서만 인격일 수 있다는 것을 잊고 있다. 우리가 인식하든 못하든, 우리 각자는 축소판 공동체다. 즉, 우리 각자의 인격성은 수많은 자아들—가족과 친구들과 동료들과 낯선 이들—의 내적 상호 운동을 통해 형성된다. 만일 인격으로서 성장하고 세계에 대한 지식을 확장시키고자 한다면, 우리는 우리 삶 속에 생겨나는 공동체에 의식적으로 참여해야 한다. 그것은 타자들에 대한 우리의 요구일 뿐 아니라 타자들이 우리에게 요구하는 바이기도 하다. 인격은 오직 공동체 안에서 가장 먼저 모습을 드러내며 오직 공동체 안에서 계속해서 인격이 되어 갈 수 있다.

이러한 공동체는 단순히 인간 자아들로만 구성되어 있지 않다. 우리는 또한 물질 세계, 식물과 동물, 하나님과 공동체를 이루고 있다. 우리의 인간 본성은 우리를 '존재의 거대한 사슬' 안에서, 위로는 우리가 그 형상대로 창조받은 신성과, 아래로는 창조 세계가 생겨난 땅과 연결시켜 준다. 우리는 그 사슬의 한 고리일 뿐이며, 따라서 우리의 앎은 다른 모든 고리들을 고려해야만 한다. 이러한 연결들 가운데 어떤 것이라도 모르거나 무시하며 사는 것은, 우리 자신의 삶과 다른 모든 삶을 위험에 빠뜨리는 것이다. 객관주의적 방식의 앎이 그렇게 해 온 것처럼 말이다.

진리의 상호성

인격적 앎에서 인식 주체와 인식 대상의 관계는, 관찰 주체와 관찰 대상의 관계에 나타나는 경직

된 규약을 따르지 않는다. 그것은 두 인격 사이의 공명(共鳴)과 더 유사하다. 우리는 무언가를 참으로 잘 알면, 그것을 조작하거나 정복할 수 있는 분리된 대상으로 느끼지 않는다. 오히려 그것과 자신이 내적으로 관계를 맺고 있는 듯한 느낌을 가진다. 즉, 그것을 안다는 것은 우리가 어떻게든 그것의 삶 속으로 들어갔음을, 또 그것이 우리의 삶 속으로 들어왔음을 의미한다. 그러한 지식은 언약에 근거를 두고 있는, 인격적 돌봄과 충실성의 관계다. 아브라함 조슈아 헤셸(Abraham Joshua Heschel: 부버처럼 인격적 진리에 대해 심오한 이해를 갖고 있었던 유대인)의 말에 따르면, "사랑 안에 있지 않고는 진리를 발견하기란 불가능하다."[4] 성 그레고리우스(St. Gregoryious)의 말에 따르면, "사랑 자체가 지식이다. 더 많이 사랑할수록 더 많이 알게 된다."[5]

사랑과 앎의 이러한 밀접한 관련성은 유대-기독교 성경 전반에 암시되어 있다. 히브리 성경은 '알다'라는 단어를 ("아브라함이 사라를 알았다"는 표현에서처럼) 남편과 아내의 부부 관계를 가리키는 데 사용하는데, 동일한 단어가 하나님과 창조 세계에 대한 우리의 지식을 가리키는 데도 사용되고 있다. '알다'를 뜻하는 가장 일반적인 신약 성경 단어도 성관계를 가리키는 데 사용된다. 성경이 앎을 어떻게 이해하고 있는지 보여 주는 이러한 이미지들—인격적인 참여와 상호성의 이미지들—은 결코 비본질적인 것이거나 시대에 뒤떨어진 것이 아니다. 그것들은 가장 깊은 차원에서의 앎의 특질, 우리를 공동체로 이끌어 주는 진리의 특질을 보여 준다.

앞서 언급했듯이, 오늘날 몇몇 과학 철학자들은 모든 지식은 인식 대상에 대한 인식 주체의 인격적 참여를 수반한다고 주장하고 있다. 마이클 폴라니는 '가장 엄밀한' 과학에서도 인식 주체가 모든 인식 행위에 인격적 요소를 들여오고 있음을 보여 준다. 이는 그 과학자가 **저** 현상이 아니라 **이** 현상을 다루는 데 전념하는 것을 보면 알 수 있다. 폴라니에게도 앎은 일종의 사랑을 통해 진행된다.

> 나는 모든 인식 행위에는 인식되고 있는 대상을 인식하는 인격의 열정적인 참여가 개입된다는 것을 보여 주었다. 그리고 이러한 공통 요인은 단순한 불완전이 아니라 오히려 그의 지식의 극히 중대한 구성 요소라는 것을 보여 주었다.[6]

폴라니의 이러한 통찰은 분명 "진리는 인격적이다"라는 견해와 유사하다. 그러나 기독교적 이해에 따르면 우리는 한걸음 더 나아가야 한다. 그리고 그것은 결정적인 걸음이다. 기독교적 이해에 따르면, 내가 진리와 진리를 향한 추구에 나 자신의 인격성을 투여할 뿐만 아니라 또한 진리가 나와 나를 향한 추구에 그 자신을 인격적으로 투여한다. 즉, "진리는 인격적이다"라는 말은 단순히 인식 주체의 인격이 이 명제의 일부가 된다는 의미일 뿐 아니라, 인식 대상의 인격성도 관계로 들어간다는 의미다. 내가 대상을 알기를 추구할 때, 또한 그 대상이 나를 알기를 추구한다. 바로 그것이 사랑의 논리다.

학자들이 '진리의 추구'라고 말할 때, 그 말에는 우리 자신과 진리 사이에 거리가 존재한다는 뜻이 암시되어 있다. 거리가 존재하는 것은 사실이다. 그러나 '진리의 추구'라는 이미지에는 오만함이 숨어 있다. 우리가 진리를 찾아냄으로써 그 거리를 없앤다는 오만함 말이다. 그러나 기독교적 이해에서 그 거리가 존재하는 이유는 진리가 숨어서 우리를 피하고 있기 때문이 아니라, 우리가 숨어서 진리를 피하고 있기 때문이다. 우리는 진리의 변화시키는 힘을 피해 숨는다. 즉, 진리가 우리를 찾아오는 것을 회피한다. 이것이 바로 아바 펠릭스와 동료 구도자들이 사막으로, 고독과 학문으로 들어간 이유다. 그들은 충분히 오랫 동안 충분히 열린 공간에 앉아 있고자 했는데, 그것은 진리가 그들을 발견할 수 있도록, 진리가 그들을 찾아낼 수 있도록 하기 위함이었다. 그들을 찾아온 진리는 어떤 생기 없는 대상이나 명제가 아니었다. 그것은 그들을 상호적 지식과 책임성과 돌봄의 공동체로 이끌고자 하는 인격의 능동적인 특질을 가진 진리였다.

이러한 이해에 따르면, 내가 진리를 찾아다닐 뿐만 아니라 진리가 나를 찾아다닌다. 내가 진리를 파악할 뿐만 아니라 진리가 나를 파악한다. 내가 진리를 알 뿐만 아니라 진리가 나를 안다. 궁극적으로 말하자면, 내가 진리를 정복하는 것이 아니라 진리가 나를 정복한다. 여기서는, 객관주의에서 볼 수 있는 바 능동적

인식 주체가 생기 없는 인식 대상을 찾아나서는 일방적인 운동이, 서로가 서로를 찾아나서는 두 인격 간의 쌍방 운동이 된다. 즉, 여기서는 우리가 대상을 알 뿐 아니라 그 대상이 나를 안다.

앎에 대해 이런 식으로 말하는 것은 '단순히 시적인' 표현이 아니다(사실 시는 단순한 것이 아니다!). 이러한 이미지들은 우리가 깊은 인식에 도달하는 순간을 충실히 반영한다. 예를 들어, 우리 가운데 많은 이들은 위대한 소설을 읽는 도중 문득 그 소설이 자신을 읽고 있음을 발견한 경험이 있을 것이다. 이것이 바로 위대한 소설의 표지다. 작가는 말로써 살아 있는 세계를 창조한다. 단순히 연구 대상으로 여겨질 수 없고, 우리가 그 의미를 발견할 때 또한 그것이 우리의 의미를 발견하는, 그러한 살아 있는 교제를 만들어 낸다.

위대한 책의 필요 조건 중 하나는 작중 인물을 살아 움직이게 만드는 능력이다. 그것은 단순히 말을 기교적으로 조작하는 것을 넘어서, 인쇄된 종이를 초월하는, 인격을 창조할 수 있는 역량을 의미한다. 멜빌(Melville)의 아합 선장이나 도스토예프스키(Dostoevski)의 조시마 장로가, 어쩌면 우리가 일상 속에서 만나는 사람들보다 더 우리에게 실재적일 수 있는 '실재 인물'(real person)이라는 것을 누가 부인할 수 있겠는가? 그러한 인물들은 페이지 밖으로 빠져 나와 독자와 대화한다. 그들은 적어도 우리가 그들을 아는 것만큼 우리와 우리의 비밀을 알고 있는 듯 보인다. 그들은 단순한 자기 분석을 통해서는 불가능한 방식으로,

우리에게 우리 자신을 드러내 보여 준다. 그 인물들은 단순히 우리의 심리적 욕구가 투사된 존재가 아니다. 그들은 독립적 자아로서 우리와 관계를 맺는다. 융(Jüng)이 말했듯이, "괴테(Goethe)가 「파우스트」(*Faust*)를 창조한 것이 아니라 「파우스트」가 괴테를 창조했다." 그들이 얼마나 자율적인 존재들인가 하면, 우리 자신에 관해 우리가 듣고 싶어하지 않는 말까지 서슴지 않고 말한다!

우리는 진리를 발견하고 그것에 이름을 지어 붙임으로써 진리를 밝히 드러낸다. 그러나 진리 또한 우리를 발견하고 우리에게 이름을 지어 붙임으로써 우리를 생명으로 인도해 준다. 우리가 인식 대상에게 우리 자신을 알도록 허락하는 만큼, 지식에 대한 우리의 역량은 더욱 넓어지고 깊어진다. 진리의 핵심에 가장 신속하게 도달하는 인식 주체는, 세계와 만날 때마다 "저기 있는 것이 무엇인가?"라고 물을 뿐만 아니라 "이 만남이 나 자신에 대해 무엇을 드러내 보여 주는가?"라고도 묻는 사람이다. 우리가 대상으로 하여금 우리 자신을 알도록 할 때, 그리고 그럼으로써 진리의 공동체를 왜곡시키는 온갖 편견과 사욕으로부터 벗어날 때, 비로소 우리는 참으로 그 대상을 알기 시작한다. 우리가 진리 안에서 대상으로 하여금 우리 자신을 알도록 할 때, 그렇게 알려진 바 되기 전보다 세계의 실재에 대해 더 많이 보고 듣고 느낄 수 있다.

모든 것을 아는 지식

예수님 안에 계시된 인격적 진리는 하나님에 대한 지식에만 제한되지 않는다. 그러한 제한을 두는 것은 세속주의의 자기 방어 장치에 굴복하고 마는 것이다. 즉 이러한 양식의 앎은 우리의 영적 삶에나 적용될 수 있을 뿐, 현대의 삶이 의존하고 있는 세속 지식과는 전혀 무관하다는 주장에 굴복하는 것이다. 그러한 제한 설정은 하나님을 다른 여러 대상 중 하나로 전락시키는 것이며, **모든 것**이 하나님의 인격적 말씀을 통해 창조되었다는 신앙의 전제에 위배되는 것이다.

그렇다면 인격적 진리는 다른 종류의 지식에 어떻게 적용되는가? 인격적 진리를 문학 연구에 적용시키는 것은 별 어려움이 없는 것 같다. 문학의 작중 인물들은 어떤 의미에서 우리와 대화를 나눌 수 있는 존재들이기 때문이다. 그러나 추상적 관념을 연구하는 철학의 경우는 어떤가? 또 이미 죽은 사람을 다루는 역사학이나 통계 수치를 다루는 사회과학의 경우는? 말 못하고 수동적인 사물을 다루는 자연과학의 경우는? 지금 나는 우리가 바위, 나무, 별과 정말 인격 대 인격으로서 대화를 나눌 수 있다는 말을 하려는 것인가?

사회학자가 다루는 데이터나 지질학자가 연구하는 지층, 천문학자가 관찰하는 별에 그것이 적용될 때는, '인격성'이나 '공동체'는 분명 은유다. 즉, 데이터나 지층이나 별은 당신과 나를 인격이라고 할 때의 그런 일차적인 의미에서는 인격이 아니다.

또 우리와 그것들이 인간의 공동체를 말할 때와 동일한 의미에서 공동체를 이루는 것도 아니다. 그러나 무릇 모든 종류의 앎은 은유를 통해 진행된다. 객관주의는 '대상'이라는 은유를, 그 문자적 의미에 부합하지 않는 인격이나 공동체에 대해서도 사용하고 있다. 따라서 이렇게 객관주의적 사회과학이 사람들과 그들의 삶을 '사물'로 대하는 것이 가능하다면, 우리가 세계의 비인간, 무생물에 대해 '인격'이라는 은유를 적용하는 것도 마찬가지로 가능하다. 은유의 목적은 우리의 이해를 새로운 가능성을 향해 열어 주는 데 있다. 그렇다면 인격적 진리라는 은유는 우리에게 어떤 가능성을 열어 주는가?

역사 연구나 사회과학 연구에서 그러한 가능성들은 명백하고도 필요해 보인다. 과거와 공동체를 이룰 때, 또 사회학적 통계가 보여 주는 삶들과 공동체를 이룰 때, 우리는 객관주의가 간과하는 진리를 다시 찾게 된다. 그것은 우리가 속해 있는 공동체는 우리가 일상 속에서 만나는 사람들을 넘어 그 이상으로 훨씬 넓게 뻗어 있다는 사실이다. 그 공동체는 시간적으로 더 뒤쪽으로, 공간적으로 더 멀리까지 뻗어 있다. 따라서 이를 무시하고 그러한 연구에 접근하는 것은, 역사와 사회에 대한 지식뿐 아니라 우리 자신에 대한 지식도 축소시키는 것이다.

역사 연구에서의 인격적 진리에 대한 두드러진 예는, 20세기 학자로서 9세기 이슬람 성자이자 순교자인 알 할라지(al-Hallaj)를 연구하여 서방에 소개한 루이 마시뇽(Louis Massignon)의

저술에서 볼 수 있다.

> 그리스도인이었던 마시뇽은 비범한 친화력과 감수성을 가지고 이방인의 역사적, 언어적, 종교적, 문화적 의식 속으로 들어갔다. 그는 회교도[와] 깊은 우정을 맺었고, 일련의 중요한 연구들을 통해 회교도의 '열정'을 다른 이들에게 전달해 주었다.…그런데 마시뇽 자신은 늘 오히려 할라지에 의해 자신이 발견되고 이해되었다는 느낌, 그들의 관계는 연구 조사나 타문화에 대한 호기심의 문제가 아니라 우정, 사랑, 구원이라는 느낌을 가졌다.[7]

이것이 바로 인격적인 방식으로 행해지는 학문 연구의 핵심적인 특징이다. 즉 우리가 연구하는 주제에 의해 오히려 우리 자신이 '발견되고 이해된다'는 느낌을 갖는 것, 진리는 그 주제 안에 살아 움직이고 있으며 우리가 진리를 찾을 때 진리가 우리를 찾아온다는 느낌을 갖는 것이다.

그러한 느낌은 개인의 전기에 대한 연구에만 국한될 필요가 없다. 그것은 또한 역사적, 인류학적, 사회학적 데이터를 다루는 더 폭넓은 형태의 연구에서도 나타날 수 있다. 예를 들어, 만일 학생들이 제3제국(The Third Reich: 독일 나치 당을 가리킨다—역주)의 역사를 그저 자신과 동떨어진 일련의 객관적 사건으로서만 배운다면, 그들은 진리의 반쪽만 배우는 것이다. 진리는 관계이므로 결국 그들은 아무런 진리도 배우지 못하는 것이다. 그러나 학생들이 이 사건에 대한 연구를 자신을 연구하는 계기로 삼는다면, 그 때 전체로서의 진리가 명확해진다. 즉, 그러한 악의 잠재성은 모든 사람과 모든 사회 안에 존재하며, 그러한 먼 과거사가 실은 우리 자신의 삶의 역사라는 것을 배우게 되는 것이다. 미개인들에 대해 연구하는 학생들이, 그 미개인들의 삶 속에 담긴 고상함이나 자신의 삶에 있는 '미개한' 차원들을 보지 못한다면, 그들과 그들의 주제 모두 서로를 충분히 알지 못한 것이다. 대안적 방법을 보고자 한다면, 마누스(Manus) 족을 연구한 마가렛 미드(Margaret Mead)의 책을 읽어 보라.[8] 사회학에서 학생들과 그 주제 사이에 상호적 앎이 이루어질 가능성은 자명해 보인다. 사회학적 데이터를 수집하는 도구로 가장 선호되는 방식인 인터뷰(interview)는 본래 목표가 말 그대로 '서로 보기'(inter-view), 즉 다른 사람들의 행동과 태도를 들여다보면서 또한 우리 자신의 삶을 드러내 보여 주는 것이기 때문이다.

인격적 진리는 또한 자연과 무생물 대상에 대한 연구에도 적용된다. 이는 땅과 바위와 나무와 동물이 우리에게 말을 걸어올 수 있는 인격이라는 뜻인가? 우리가 감각과 논리만을 가지고 그들에게 접근할 때 답은 '아니오'다. 그럴 때 그것들은 다만 사물일 뿐이다. 그러나 우리가 자신을 흙이나 다람쥐 같은 존재들과 공동체적으로 연결된 전인(全人)으로 인식하며 그들에게 접근한다면, 그 때 우리는 그러한 비인간 존재들을 진리의 공동체에 우리와 함께 참여하고 있는 존재들로 알게 된다. 우리는 우리 자신의 전인격을 다해 그들과 관계를 맺음으로써, 그 말 못하는 존재들이 우리에게 인격으로서 말할 수 있도록 한다. 그리고 우리에게 그들의 유익과 필요를 돌보아야 할 책임을 부여하는 앎 가운데서 그들이 우리를 '발견하고 이해하도록' 만든다.

자연을 탐구하면서(re-search) 동시에 자신이 탐구되도록(re-searched) 할 수 있는 가능성을 보고자 한다면, 한 예로 로렌 아이슬리(Loren Eiseley)의 책을 읽어 보라. 아이슬리는 죽은 지 오래된 동물의 화석에 대해 깊은 사색을 전개하는데, 대화적 특성을 가진 그의 인식은 우리로 하여금 우리의 깊은 곳에 웅크리고 있는 동물적인 면과 원시적인 면을 발견하도록 해준다.[9] 혹은 땅의 윤리를 주장하는 알도 레오폴드(Aldo Leopold)의 글을 읽어 보라.

> 무릇 모든 윤리는 다음과 같은 하나의 가정에 입각해 있다. 그것은 개인은 상호 의존적인 부분들로 구성된 공동체의 구성원이라는 가정이다. 내가 말하는 땅의 윤리는 공동체의 경계를 흙, 물, 식물, 동물 전체(이 모두를 총칭하여, 땅)를 포괄할 만큼 확장시킨 것일 뿐이다.…간단히 말해서, 땅의 윤리는 호모 사피엔스의 역할을 땅 공동체에 군림하는 정복자에서, 땅 공동체에 속해 있는 평범한 구성원과 시민으로 바꾸어 놓는다. 땅의 윤리란 동료 구성원들에 대한 존중과 공동체 자체에 대한 존중을 의미한다.[10]

생태 윤리는 생태학적 인식론에 의존하는데, 생태학적 인식론은 물질 세계 안의 비인간 구성원들을 진리의 공동체 안에 우리와 공동으로 참여하고 있는 존재들로 인식한다.

철학처럼 추상적 관념을 연구하는 학과에서 인격적 진리는 다소 덜 분명해 보인다. 여기서는 비인격적인 추상적 개념들이 극히 중요하기 때문이다. 그것들 없이 나는 이 책을 쓸 수 없었을 것이며, 우리 중 누구도 말하거나 행동하거나 살아갈 수 없다. 우리는 특수한 것으로부터 보편적인 것을 뽑아내야 하는데, 그 과정에서 자신을 인격적 진리로부터 분리시킨다. 우리는 추상적 개념을 포기할 수 없다. 그러나 추상적 개념들의 인격적 뿌리를 회상하고 되찾을 필요는 있다. 우리는 추상적 개념을 사용하지 않을 수는 없으나, 만일 우리가 그것들의 기원을 기억하지 않으면 그것들은 우리를 삶과 우리 자신으로부터 분리시킨다.

우리의 지적 전통의 위대한 추상적 개념들은 본디 인식 대상인 세계에 대한 인식 주체의 열정적 참여로부터 비롯되었다. 형상과 질료에 대한 플라톤의 관념으로부터, 노동과 가치에 대한 마르크스의 이론이나 아인슈타인의 $E=mc^2$에 이르기까지, 우리는 그러한 추상적 개념들의 배후에서 세계로 하여금 비범한 깊이로 자신에게 말하도록 허락한 인격이 있었음을 발견한다. 분리의 문제는 이러한 관념들이 그 인간적 기원으로부터 여러 세대 후에 연구될 때, 그 원천의 인격적 특성으로부터 여러 단계 떨어질 때 생겨난다. 훗날 우리가 사상가는 잊어버린 채 사상에 대해서만 기억할 때, 우리는 인격적 인식 행위로부터 분리된 추상적 개념들의 세계를 상상하게 된다.

추상적 관념은 하나의 말이다. 그런데 말은 인간의 목소리를 통해 나온다. 그러므로 어떤 관념을 연구할 때, 우리는 그것을 추상으로서가 아니라 하나의 소리로 대할 필요가 있다. 우리의 첫 질문은 "그 사상이 얼마나 논리적인가?"가 아니라 "그 뒤에 누구의 목소리가 있는가? 그 사상을 출현시킨 인격적 실재는 무엇인가? 어떻게 나는 그 사상가가 세계와 맺고 있는 관계에 들어가 거기에 응답할 수 있을까?"가 되어야 한다. 이러한 질문들은 논리와 비판적 지성을 배제시키는 것이 아니라, 진정한 앎은 육체 없는(disembodied) 지성으로 데이터를 평가하는 일 이상을 의미한다는 것을 상기시켜 주는 것이다. 진리에 대한 지식을 가지려면, 반드시 인식 주체와 인식 대상 사이의 인격적인 대화, 즉 인식 주체가 세계에 순종으로 귀기울이는 대화가 필요하다.

모든 것을 인격으로 대하라는 말은, 의인화(anthropomorphism), 물활론(animism), 대인 논증(*argumentum ad hominem*)을 연상시키며, 객관주의적 감각에는 다분히 거슬리는 주장이라는 것을 나는 알고 있다. 그러나 우리가 '인격'을 가장 객관적인 실재로 이해한다면(인격에는 자기 정의와 자기 방어 역량이 있기에), 인격적 양식의 앎은 오히려 실재를 자기 본위의 주관적 술어로 축소시킬 위험이 객관주의보다 더 적다. 우리 자신을 포함하여 모든 것을 대상화하는 이 황폐해진 세계에서, 이러한 '원시적' 방식의 인격적 앎은 오히려 진보적인 인식 방법임이 판명될 것이다. 아마 이제 우리는 인식 대상을 우리의 그릇된 지배나 파멸적 통제를 받는 무력한 대상으로 대하는 것이 아니라, 함께 대화해야 할 살아 있는 자아로 대하는 지혜를 발견할 준비가 된 것 같다.[11]

인식 대상을 인격으로 대하는 지식은 기독교 영성의 핵심과 일치한다. 사람들이 하나님이 인간이 되셔서 우리 가운데 사셨음을 이해했을 때, 그것은 영적인 진보였지 퇴보가 아니었다. 성육신은 하나님을 축소시키거나 하나님을 제한된 인간적 술어로 환원시키지 않는다. 오히려 성육신은 인간 세계의 경계를 폭발적으로 확장시켜 준다. 즉, 성육신은 자아와 세계를 무한히 넓혀 준다. 시인 제라드 맨리 홉킨스(Gerard Manley Hopkins)는 "세계는 하나님의 장엄함(grandeur)으로 가득 차 있다"고 읊었다. 그가 말하는 장엄함이란, 세계가 광대하고 불가해하다는 것이 아니라 이제 세계 안의 모든 '사물'은 인격적 이름과 귀중한 인격성을 소유하고 있다는 것이다—모든 바위, 모든 꽃, 모든 기는 짐승, 모든 인간 자아가 말이다. 성육신의 관점에서 볼 때, 세계는 더 이상 조작과 소유의 대상이 아니다. 오히려 세계는 인격들의 공동체이며, 그것의 진리를 안다 함은 상실되었던 우리 사이의 인격성과 공동체의 끈을 회복한다는 것을 의미한다.

진리에 대한 순종

진리의 공동체를 묶어 주는 기본적인 끈은 무엇인가? 진리는 어떤 종류의 관계로 우리를 부르고 있는가? 아바 펠릭스 이야기가 보여 주듯 여기에 가장 적합한 단어는 '순종'이다. 그것은 권위에 대한 노예적 신봉이 아니라, 자유로운 자아들이 서로 대화 속에서 주의 깊게 듣고 응답하는 것이다. 성경 전반에 걸쳐 앎과 순종적 듣기(obedient listening)는 함께 연결되어 있다. 예수님은 빌라도에게 말씀하신다. "무릇 진리에 속한 자는 내 소리를 듣느니라." 진리라고 불리는 관계에 있다는 것은 듣고 응답할 수 있다는 것이다. 이것이 예수님이 하신 말씀의 의미다.

다른 곳에서 예수님은 말씀하신다. "너희가 내 말에 거하면 참으로 내 제자가 되고 진리를 알지니 진리가 너희를 자유롭게 하리라"(요 8:31-32). 여기서 예수님은 진리를 아는 것과 순종을 연결지으실 뿐 아니라, 순종과 자유를 연결지으신다. 이러한 연결은 단순히 기독교의 경구에 불과한 것이 아니다. 자유는 진리에 대한 순종을 통해 성취된다는 이 사상은, 지식을 통해 우리를 해방시키는 것을 목적으로 하는 교양 교육의 핵심이기도 하다. 우리의 영적 전통과 세속 전통 모두, 진리가 우리를 자유케 하며 자유는 오직 진리에 대한 순종 안에서 발견될 수 있다는 것을 확언한다.

그러나 오늘날 우리는 자유와 순종을 서로 대립되는 것으로 여기고 있다. 우리는 자유를, 자기를 추구하는 자아 즉 전통과 공동체의 유대로부터 떨어져 나온 자아의 자율인 양 여긴다. 반면 순종은 자유로운 인격이 아닌 노예들의 행위로 여겨진다. 순종에 대한 의심은 특히 흑인, 여성, 유대인같이 우리 시대의 문화적 소수 집단들에게서 현저히 표명되고 있다. 그들은 "지금 우리에게 순종을 요구하는 이 진리는 대체 누구의 진리인가?"라고 정당하게 물을 것이다. 그들은 자유로운 선택이 아닌 강요된 순종 안에서 (그들의 진리가 아닌—역주) 다른 사람들의 '진리' 아래 산다는 것이 어떤 것인지 잘 알고 있다.

객관주의 자체가 순종에 대해 의심을 품도록 만들어 왔다. 객관주의가 보기에는, 순종이란 주관적 편견을 증대시키고 세계의 자율적 대상들의 독자적인 온전함을 왜곡시키는 헌신 행위이기 때문이다. 본래 객관주의는 편견적이고 주관적인 '진리'로부터 우리를 해방시키는 길로서 등장했다. 그러나 그 길은 과연 우리를 자유로 인도하는가? 나는 아니라고 생각한다. 사실 객관주의 논리는 권위주의적 인물의 등장과 전체주의 사회의 발흥 그리고 부자유의 증가에 기여해 왔다. 리처드 겔위크가 지적하듯이, 지금 우리는 삶에 대한 객관적인 해석에 자신을 맡기라고 말하는 온갖 이데올로기에 둘러싸여 있다. 그 이데올로기들은 자신의 해석이 객관적으로 옳으며 우리는 거기에 대해 어떠한 책임도 없다고 말한다.[12]

우리는 이러한 객관주의적 이데올로기들의 독재와 맞서 싸우

다가, 마찬가지의 독재를 행사하는 주관주의 쪽으로 기울고 말았다. 우리 가운데 너무나 많은 이들이 박약한 교리의 다원주의와, 진리는 바라보는 각도에 따라 다르게 보인다는 단순하기 그지없는 사상에 찬동하고 있다. 이러한 사상은 다양성은 인정하지만 우리를 대화로 부르지는 않는다. 그러기에 그것은 각자를 격리시키며, 그것이 저항하고자 했던 객관주의만큼이나 강력하게 공동체를 파괴한다. 결국 이러한 상대주의 이론은 만인이 만인을 대항해 싸우는 전쟁, 진리가 아니라 힘이 이기는 전쟁으로 우리를 이끈다. 그리고 그러한 전쟁의 결과는, 형태만 다를 뿐 본디 주관주의가 저항하고자 했던 것과 동일한 지배와 압제일 뿐이다. 다원주의 사회가 존속하고 번성하려면 객관주의나 주관주의로는 역부족이며, 언약으로서의 진리 개념만이 유일한 길이다.

만일 진리가 인격적이고 공동체적이라면, 우리의 진리 추구―그리고 진리가 우리를 추구하는 것―는 우리 사이의 차이를 적극적으로 억압하지도, 소극적으로 용인하지도 않을 것이다. 대신 그것들이 충실한 관계 안에서 상호 작용하도록 초청할 것이다. 세계의 다양성은 남자와 여자, 흑인과 백인, 그리스도인과 유대인 사이의 차이를 넘어선다. 이런 차이는 진리의 공동체에서 인간과 다른 존재들―흙, 바위, 숲 속 동물, 별―사이의 차이와 비교하면 대수롭지 않은 것이다. 만일 우리가 택한 앎의 접근법이 이러한 다원주의의 창조적 상호 작용을 야기하지 못한다면―그저 객관적 제국주의나 주관적 상대주의로 주저앉아 버리고 만다면—그것은 진리에 접근하는 방식이 될 수 없다. 즉, 창조의 유기적 공동체를 회복시켜 주는 방식의 앎이 되지 못하는 것이다.

바로 여기서 순종—존중하는 들음과 충실한 응답—의 끈이 결정적인 중요성을 갖는다. 다원적 자연 세계에서 진리를 향해 가는 길은, 말 잃은 대상과 말 못하는 짐승에게 목소리를 주어서 그들이 우리의 삶과 맺고 있는 관계성에 대해 말할 수 있도록 하는 것이다. 다원주의 사회에서 진리를 향해 가는 길은, 다양한 목소리와 견해에 주의 깊게 귀기울이며 우리에 대한 그들의 요구를 듣는 것이다. 이러한 들음의 끈—이런저런 입장에서 사물들이 어떻게 보이는지 주의 깊고 개방적으로 귀기울이기, 타자를 알 뿐 아니라, 타자에게 그의 관점에서 자신을 알기를 허락하는 듣기—은 우주적 공동체를 하나로 묶어 준다.

객관주의는 세계가 그 자신에 대해 무엇이라 말하는지에는 귀기울이지 않고, 그저 일방적으로 세계에게 그것이 무엇인지를 말한다. 반면 주관주의는 오로지 자신의 말만 듣겠다는 독단이다. 그러나 진리는 우리에게 순종 안에서 서로 귀기울일 것을, 들은 말에 응답할 것을, 언약 공동체의 끈들을 인정하고 재창조할 것을 요구한다.

어원을 살펴보면, '순종'(obedience)은 단순히 '듣기'를 의미할 뿐 아니라 '아래로부터 듣기'를 의미한다. 무척 흥미롭게도 이것은 '이해하다'(understand)라는 단어의 상식적 의미이기도

하다. 그 단어는 우리가 어떤 것을 그것 '아래에 서 있음'을 통해 안다는 의미를 담고 있다. 순종이나 이해 모두, 우리보다 큰 어떤 것, 모두가 의존하고 있는 어떤 것에 자신을 복종시킨다는 뜻을 내포한다. 두 단어 모두 우리 자신을 진리의 공동체의 끈들로 묶는다는 뜻을 담고 있다.

분명 객관주의자들은 인격적 양식의 앎은 위험스럽도록 주관적이라고 주장할 것이다. 그러나 내가 여기서 살펴보고 있는 여러 단어와 이미지는 우리에게 '주관적'(subjective) 지식의 의미에 관해 새로운 이해를 열어 준다. 'subjective'란 '아래에 두다' (복종시키다)를 의미하기도 하기 때문이다. 그러한 의미에서라면, 나는 주관적 진리를 **주장한다**. 우리는 진리에 자신을 복종시켜야(subject) 하기 때문이다. 진리는 우리가 속해 있는 공동체에 복종할 것과 진리가 거하는 언약의 끈들에 충실할 것을 요구한다. 이러한 견해는 분명 **위험하다**. 왜냐하면 그러한 복종은 우리를 변화시키며 우리에게 새로운 무언가가 되기를 요구하기 때문이다. 진리 안에서의 삶은 더 이상 우리 자신의 것이 아니라 창조 세계 전체 공동체에 속한 것이 된다.

'객관적'(objective)의 어원적 의미는 '맞서다, 반대하다'이다. 여기에 객관주의의 위험이 있다. 객관주의는 우리를 세계와 적대 관계에 두는 인식 방식이기 때문이다. 객관주의는 공동체 전체의 번영을 위해 우리 자신을 변화시킬 것을 요구하지 않는다. 대신 우리는 자신의 필요를 충족시키기 위해 세계를 변화시키려 할 뿐이다. 실로 객관주의는 우리를 서로에 대한 적대 관계에 놓이게 했다. 그 동안 백인 중산층 남자들의 '진리'가 문화적 소수 집단을 압제해 온 것은, 부분적으로 객관주의가 가진 정신 구조로부터 유래한다. 일단 객관주의자가 '사실'을 갖고 있으면, 더 이상 어떠한 듣기나 어떠한 다른 관점도 불필요한 것이 되고 만다. 결국 사실은 사실이기 때문이다. 이제 남은 일은 다른 이들로 하여금 그 객관적 '진리'를 따르도록 만드는 것 뿐이다.

그러나 진리를 인격적인 것으로 보는 견해는 객관적 제국주의나 주관적 상대주의로 이어지지 않는다. 대신 진리는 우리가 다원적 실재에 순종할 때, 또 대화나 합의나 인격적 변화에서처럼 당사자 모두가 인내심을 갖고 공동체적 언약의 끈에 자신을 복종시킬 때 발견된다. 이러한 인식 방법은 우리를 서로 멀어지게 만들지 않으며 오히려 우리 사이의 간격과 분리에 다리를 놓아 준다. 그러한 인식 방법은 우리와 우리의 깨어진 세계를 치유하는 데 도움이 될 수 있다.

5 ● 가르침이란 공간을 창조하는 일이다

공간의 의미

어떻게 인격적 진리에 대한 이론을 실제 교수법으로 옮길 수 있을까? 어떻게 교사, 학생 그리고 그들의 주제가 언약 공동체 안에서 서로 얼굴을 맞대며 만나게 할 수 있을까? 어떻게 우리를 순종과 자유와 진리로 이끌어 주는, 현실적인 교수·학습 방법을 발전시킬 수 있을까?

나는 이러한 질문들을 다루면서, 아바 펠릭스 이야기와 그의 영성 전통에서 유래하는, 가르침에 대한 다음과 같은 정의를 사용하려 한다. **가르침이란 진리에 대한 순종이 실천되는 공간을 창조하는 일이다.** 이 장에서 나는 이 정의 중 '공간을 창조한다'는 부분에 집중하면서 이것이 무슨 의미인지 살펴볼 것이다. 그리고 다음 장에서는 나머지 부분을 다루면서 우리가 어떻게 교실에서 '진리에 대한 순종을 실천할' 수 있을지에 대해 살펴볼 것이다.

공간(space)은 사막 교부들의 영성에서 핵심적이다. 아바 펠릭스와 동료 구도자들은 번잡한 도시를 떠나 사막으로 진리를 만나러 갔다. 지상에서 가장 열려 있고 인적 없는 공간 중의 하나인 사막으로 말이다. 그들이 거기에 간 목적은, 단순히 도시의 난잡함이 없는 외적 공간에 들어가기 위해서가 아니라 내적 소음이 없는, 마음과 정신의 내적 공간을 열기 위해서였다. 사막의 빈 공간에서 영혼은 진리에 안착할 수 있으며, 구원의 본질적인 요소에 집중할 수 있기 때문이다.

공간의 중요성은 아바 펠릭스의 교수 방법에서도 명백히 나타난다. 학생들은 '말씀'을 들려 달라는 간청을 들고 그를 찾아온다. 그들은 자신의 내적 공간이 권위 있는 말로 가득 메워지기를 원하는 것이다. 그러나 아바 펠릭스는 그들이 구하는 말을 주지 않는다. 대신, 그는 그들을 침묵의 광대한 공간으로, 그들의 정신으로 만든 실재가 시들어 소멸되고 마는 말 없는 내적 사막으로 인도한다. 아바 펠릭스가 그 침묵을 깨뜨리고 한 말도, "오늘날에는 더 이상 말씀이 없다"는 것뿐이었다. 학생들이 교사와의 언약, 그들의 가르침과의 언약을 깨뜨렸다는 것이 그 이유였다. 이렇게 그는 심지어 말을 통해서도 더 많은 침묵, 더 많은 사막, 더 많은 공간을 만들어 낸다. 이 모든 일에서 그의 목적은 분명하다. 그는 언약의 끈들이 다시 묶일 수 있는 공간을 창조하기를 원하는 것이다. 우리가 진리를 찾고 진리가 우리를 찾을 수 있는 공간 말이다.

공간이라는 단어는 그저 막연하고 시적인 은유로만 들릴 수 있다. 그러나 사실 그것은 우리의 일상 생활의 경험을 묘사해 주는 단어다. 우리는 탁 트인 푸른 들판에 나가 있는 것이 어떤 것인지 안다. 또 출퇴근 시간 혼잡한 버스 안에 있는 것이 어떤 것인지도 안다. 혼잡한 버스 안에서는 숨쉬고 생각하고 자연스럽게 있을 수 있는 공간이 없다. 그러나 탁 트인 들판에서는 우리 자신 역시 탁 트이게 된다. 생각과 감정들이 생겨나며, 숨어 있던 지식이 밖으로 나온다.

우리는 물리적 공간뿐 아니라 우리와 다른 사람들과의 관계에서도 이와 유사한 경험을 한다. 우리는 직장에서 숨막히도록 압력과 압박을 당하는 것이 어떤 것인지 안다. 급박한 마감일과 동료들과의 경쟁으로 인해 우리의 공간이 좁아지는 기분 말이다. 그러나 또한 마감일이 물러가고 동료들과 협조하며 일하는 때, 정열과 열정을 가지고 움직이고 창안하며 생산할 수 있는 공간이 주어지는 때도 있다. 가족과 친구들과의 관계에서도, 우리는 비합리적인 요구에 눌릴 때의 기분, 가장 가까운 사람들의 기대로 인해 구속당하는 기분이 어떤 것인지 안다. 그러나 또한 그들에게 있는 모습 그대로 받아들여지는(혹은 용서받는) 때, 배우자나 자녀, 친구들이 우리에게 자유롭게 존재하고 변화할 수 있는 공간을 주는 때도 있다.

혼잡(crowding)과 공간에 대한 이와 유사한 체험들이 교육에서도 발견된다. 교사가 우리의 머리에 정보를 가득 채워 넣고, 그것을 확고하게 체계화하며, 우리의 견해에는 완전히 무관심하면서 자신의 견해만을 정답으로 강요하고, 학점을 위한 살벌한 경쟁으로 우리를 밀어넣는 교실, 그런 교실에 앉아 있으면 우리는 배움을 위한 공간의 부족을 경험한다. 그러나 말할 뿐 아니라 듣기도 하는 교사, 대답을 줄 뿐 아니라 질문을 던지기도 하며 우리의 통찰을 환영하는 교사, 탐구의 끝으로서가 아니라 새로운 탐구의 시작으로서 정보와 이론을 제공해 주는 교사, 학생들에게 서로 도우며 배울 것을 격려하는 교사, 그런 교사와 함께 공부할 때 우리는 배움의 공간이 갖는 힘을 알게 된다.

개방성, 경계 그리고 환대

배움의 공간에는 세 가지 주된 특징, 세 가지 본질적인 차원이 있다. 그것은 개방성, 경계 그리고 환대의 분위기다. 이들 각각의 의미를 이해하면, 배움을 위한 공간을 창조할 수 있는 특정한 방법을 발견할 수 있다.

개방성(openness)이란 공간의 상식적 의미를 말함에 다름 아니다. 공간을 창조한다는 것은 우리 주위와 내면에 있는, 배움에 대한 방해물을 제거하는 것, 진리가 우리를 발견하지 못하도록 숨을 수 있는 장벽을 치우는 것이다. 우리는 우리 주위와 내면에서 이러한 장애물을 '발견할' 뿐 아니라, 진리와 변화의 도전을 회피하기 위해 그것들을 일부러 만들어 낼 때가 많다. 배움의 공간을 창조한다 함은 우리의 의식과 교실을 혼잡하게 만들려는 우리의 성향에 저항한다는 의미다.

그러한 성향을 낳는 원천 중 하나는 다른 사람이나 자신에게 무지하게 보이는 것에 대한 두려움이다. 무지하기에 교육을 받는 것임에도 불구하고, '모른다'는 것에 대한 두려움은 자주 우리로 하여금 투사와 허세로 배움의 공간을 가득 메우도록 만든다. 교사는 가르치는 주제에 대해 가장 자신이 없을 때 가장 길게 강의한다. 그들은 끝도 없이 개념을 분석하며 잘 맞지도 않는 '예증'들을 지루하게 열거한다. 또 학생들은 무슨 말을 해야 할지 잘 모를 때 가장 길고 복잡한 리포트를 쓴다. 그들은 평균적으로 문장에 담길 수 있는 것 이상으로 많은 형용사와 부사를 동원하여 글을 쓴다.

사막의 교사들도 때때로 무의미한 말로 배움의 공간을 메우려는 유혹을 받았다. 그러나 이 교사들로부터 가르침을 받았던 학생들은 교사를 가르치는 법도 알고 있었다. 초대 사막 교부로서 후에 주요한 신학자가 된 에바그리우스(Evagrius)에 관한 이야기가 있다. 에바그리우스가 알렉산드리아를 떠나 사막에 처음 왔을 때 있었던 일이다.

> 그는 어떤 문제에 관해 토론하는 도중 그만 형제들에게 강의하는 실수를 했다. 형제들은 그가 말을 다 마칠 때까지 기다렸다. 그 후 그들 중 하나가 이렇게 말했다. "신부님, 우리가 보기에, 신부님은 알렉산드리아에 계속 계셨더라면 분명 대주교가 되셨을 것 같습니다…" 그 말뜻을 알아들은 에바그리우스는 그 후로는 말이 없어졌다.[1]

사막에서의 교육은 공간을 자신의 말로 메워 버리는 주교들이 아니라 순종으로 듣는 이들에게 달려 있다는 것을, 그 형제들은 이미 알고 있었고 에바그리우스는 즉각 그것을 배운 것이다.

앎을 위한 공간을 열고자 한다면, 우리는 무지에 대한 두려움과, 배움의 공간을 메워 버리려는 불안한 태도에 대해 경계해야 한다. 첫째, 우리는 무지는 진리를 향해 가는 첫 단계라는 것, 무지가 일으키는 불안에는 즉각적인 대답이 아니라 미지로의 모험이 필요하다는 것을 깨달아야 한다. 진리 추구를 끊임없는 불확정적 여행으로 보게 된다면, 우리는 공간을 허세로 메워 버리려 하기보다는 그저 열린 채 둘 수 있는 용기를 발견하게 될 것이다. 둘째, 우리는 단순히 우리가 진리를 찾으려 애쓸 뿐만 아니라 또한 진리가 우리를 찾으려 애쓴다는 것을 기억해야 한다. 우리가 자신의 추구에만 사로잡혀 있다면, 본질에서 벗어난 온갖 방법과 가정과 보고로 공간을 가득 메워 버릴 수 있다. 그러나 진리가 끊임없이 우리를 찾아오고 있음을 이해한다면, 우리는 진리가 우리를 찾아낼 수 있게끔 공간을 열어 둘 이유를 갖게 된다.

공간의 개방성은 그 **경계**(boundaries)들의 견고함에 의해 만들어진다. 배움의 공간이 무한히 개방될 수는 없다. 만일 그렇다면, 그것은 배움을 위한 구조가 아니라 혼란과 혼돈으로의 초대가 될 것이다. 무릇 공간은 테두리, 둘레, 한계를 가지고 있다. 이러한 경계들이 침범당하면—도시가 사막 속으로 슬그머니 기어들어오거나, 육체적으로나 정신적으로 우리가 다시 도시로 돌아가면―공간의 특성은 파괴된다. 지금 우리 사회는 이러한 침해의 대가를 치르고 있다. 도시의 확장, 광야를 가로지르는 고속도로, 쉴새없이 세계 뉴스를 들려주며 어디에나 존재하는 미디어에 의해, 우리는 사막의 지식을 박탈당하고 있다. 열린 배움의 공간을 창조하기 원하는 교사는 그 경계를 신중하게 정해서 지켜야 한다.

경계는 공간의 개방성을 지켜 줄 뿐 아니라, 학생들이 그 공간으로부터 도망가는 것을 막아 주기도 한다. 공간의 개방성은―우리의 번잡스런 마음에 처음에는 매력적으로 보이지만―곧 위협이 된다. 우리의 정신을 번잡스럽게 하던 것들이 사라지고 나면, 우리는 자신이 실은 얼마나 그 번잡한 것들에 의존하고 있는지를 깨닫는다. 그것들은 우리의 정신에 일거리를 주고 지배욕을 만족시켜 주기 때문이다. 우리는 우리의 정신이 만들어 낸 구조들이 허물어질 때 찾아오는 황량함과 대면하고 싶지 않다. 그래서 우리는 혼란을 향해 내달린다. 만일 이 말이 의심스럽거든, 아바 펠릭스가 그랬던 것처럼 교실에서 오랜 침묵의 시간을 시도해 보라. 당신과 학생들의 내면에서 일어나는 불안을 느껴 보라. 이 불안이 어찌나 강력한지, 대개의 그룹은 15초 이상을 견뎌내지 못할 것이다!

사막의 교사들도 이러한 불안에 대해 잘 알고 있었다. 그들은 사막에서 진리를 만나기 위해서는 먼저 침묵 속에서 생겨나는 비진리의 악마들―진리로 하여금 우리를 변화시키도록 하지 않고 오히려 진리를 지배하고 정복하려는 우리의 욕망으로부터 생겨나는 악마들—과 씨름해야 한다는 것을 알고 있었다. "수사가 되기 위한 '힘겨운 일', 소위 '고행'은 바로 악마와의 싸움이 가지는 이러한 측면을 일컫는 말이다."[2] 그래서 사막의 교사들은 물러서지 않도록, 배움의 공간의 경계 내에 머묾으로써 진리에 의해 발견될 수 있도록, 자신을 훈련시켰다. 이러한 훈련의 상징물은 이 교사들이 거주했던 '암자'(cell, 종종 오두막이나 동굴)였다.

> 그들의 금욕주의에서 암자는 아주 중요했다. "그대의 암자에 앉아 있으라. 그러면 그것이 그대에게 모든 것을 가르쳐 주리라"고 그들은 말했다. 이는 만일 하나님을 **여기서**, 이 장소 곧 그의 암자에서 만날 수 없다면, 그는 다른 어떤 곳에 간다 해도 결코 하나님을 발견할 수 없다는 의미였다.[3]

이런 이유로 오늘날까지 많은 수사들이 수도 생활의 일부로서 '정주(定住)의 서약'을 한다. 그들은 그 서약을 통해, 다른 수도원이 여기보다 배우고 성장하기에 더 나은 곳일 거라고 믿는 유혹을 거부한다. 왜냐하면 흔히 이런 유혹은 진정한 앎이 막 시작되려는 순간, 우리가 자신의 환상과 직면해야만 하는 순간에 생겨나기 때문이다. 좋은 교사들은 진리가 태어나려고 몸부림을 칠 때는 흔히 그 표지로서 불안과 고통이 나타난다는 것을 알고 있다. 따라서 교사들은 학생들이나 그들 자신이 '암자'로부터 달

아니는 것을 허락하지 않는다. 그들은 그 경계를 굳게 지키며, 우리 모두를 그 경계 안에 붙들어 둠으로써 진리가 일할 수 있도록 한다.

그러나 이렇게 배움의 공간은 고통스런 장소일 수 있기에, 거기에는 반드시 또 다른 특징인 **환대**(hospitality)가 있어야 한다.[4] 환대란 우리가 서로를, 서로의 갈등을, 서로의 새로운 생각을 개방적이고 주의 깊게 받아들인다는 뜻이다. 환대란 언약 공동체가 형성될 수 있는 분위기, 변화시키는 진리가 가져오는 고통을 견딜 수 있는 분위기를 창조한다는 뜻이다.

환대는 사막 교부들과 그들이 세운 수도원에서 핵심적인 덕목이었다. 또한 그것은 성경에서도 핵심적인 덕목이다. 성경을 보면, 하나님은 언제나 낯선 이를 사용하셔서 우리로 하여금 진리의 낯설음을 경험하도록 하신다. 따라서 안정을 깨뜨린다는 이유로 낯선 이나 낯선 사상을 박대하는(inhospitable) 것은 진리의 가능성에 대해 대적하는 것이다. 환대는 윤리적 덕목일 뿐 아니라 인식론적 덕목이기도 하다.

그러므로 진리가 중심이 되는 교실은 모든 낯선 이와 낯선 말이 환영받는 곳이다. 이는 자칫 필수적인 엄격함이 결여된 교실, 참과 거짓 그리고 옳고 그름에 관한 질문은 경시되고 그저 모든 것이 좋게만 지나가는 교실을 시사할 수도 있다. 그러나 그것은 환대에 대해 잘못 이해한 것이다. 환대는 그 자체가 목적이 아니다. 환대는 그것이 허용, 조장, 촉진, 초래할 수 있는 무언가를 위해 베풀어져야 한다. 배우는 공간에 환대가 필요한 이유는, 배움에서 고통을 제거하기 위해서가 아니라, 배움에 따르는 고통스러운 일들이 가능하도록 만들기 위해서다. 무지의 폭로, 잠정적 가설에 대한 검증, 거짓되고 치우친 정보에 대한 문제 제기, 서로의 사상에 대한 비판 같은 고통스러운 일들 없이는 어떠한 배움도 일어날 수 없기 때문이다. 이런 것들 하나하나는 진리에 대한 순종을 위해 반드시 필요하다. 그러나 이는 사람들이 위협과 비난을 느끼는 분위기에서는 일어날 수 없다. 아바 펠릭스는 학생들의 존재의 깊이에까지 도전했지만, 그는 학생들이 그의 판단을 받아들이고 기도를 부탁할 만큼 궁극적인 환대의 분위기가 있었기에 그렇게 했다.

내가 가 본 어떤 교실에서는, **겉으로는** 사람들이 서로 열심히 자기 주장을 하고 어려운 질문을 던지며 상대에게서 오류와 착각의 베일을 벗겨 주는 듯이 보였다. 그러나 그 이면에서는 무언가 다른 일이 진행되기 일쑤였다. 환대가 없는 교실에서는, 솔직한 무지로부터 질문이 나오는 경우가 드물다. 실상 거기서 나오는 질문들은 교사나 다른 학생들을 이기기 위한 수사학적인 또는 정치적인 것들이다. 진리를 위한 질문이 아니라 논쟁에서 이기기 위한 질문이다. 그러한 환경에서 진정으로 자신의 무지를 드러내기란 거의 불가능하다. 이는 배움에 대한 진정한 개방성이 거의 불가능하다는 것을 의미한다. 오직 환대가 있는 교실, 즉 서로 시합을 벌이듯 질문과 대답이 오고 가지 않는 교실에서만 비로소 우리는 서로와 언약 관계를 맺을 수 있고, 우리를 변화시키는 진리와 만날 수 있다.

물리적, 개념적, 극적 공간

개방성, 경계, 환대. 이러한 특질들을 갖춘 배움의 공간을 어떻게 창조할 수 있을까? 나는 내가(그리고 여러 다른 교사들이) 사막이 아닌 일반 교실에서 시도해 본 몇 가지 실제적인 접근 방법을 소개하고자 한다.

가장 쉽게 눈에 띄는 것으로 교실의 물리적 배치를 들 수 있다. 의자가 강단을 향해 줄지어 배치되어 있을 때, 배움의 공간은 각 학생과 교사 사이에 시선과 주의가 오고 가는 좁다란 길로 한정되어 버린다. 이러한 배치는 그 자체로 어떤 메시지를 전달해 준다. 즉 이 공간에서는 학생들이 서로 및 서로의 생각과 관계를 맺을 여지가 없다는 메시지다. 여기에는 언약 공동체로의 초대도 없으며 환대도 없다. 그러나 의자를 원형으로 배치함으로써 우리 사이에 열린 공간을 만들고 서로 관계를 맺을 수 있게 되면, 무언가 다른 메시지가 전달된다. 교사가 그 원 안에 앉아 말할 수도 있다. 하지만 우리 모두는 우리 사이의 열린 공간 안에서 서로 및 서로의 생각들과 관계를 맺으며 배움의 공간을 창조하라는 초청을 받는다. 나는 아바 펠릭스가 이런 식으로 가르치지 않았을까 상상한다. 그는 학생들과 함께 모래 위에 둥그렇게 앉아, 그들 사이의 작은 사막 공간이 그들이 만났던 더 큰 사막 공간을 나타내도록 했을 것이다. 그리고 그 원은 그들을 달아나지 못하도록 막아 주는 경계를 나타내도록 했을 것이다.

또한 교사는 말로써 공간—이를 '개념적 공간'이라 부르자—을 창조할 수도 있다. 적어도 두 가지 방법이 있는데, 하나는 독서 과제를 통해서고 다른 하나는 강의를 통해서다. 먼저 나는 독서 과제가 어떻게 배움의 공간을 닫지 않고 열어 줄 수 있는지를 보여 주고자 한다.

사막 교부들에 의해 시작된 수도원 공동체에서, 독서는 배움의 삶에서 근본적인 훈련 중 하나다. 그런데 그것은 내용뿐 아니라 방법에서도 오늘날 우리가 학교에서 하는 독서와는 다르다. 우리의 학교에서는 학생들에게 수백 쪽 분량의 텍스트를 주고 '속독하는' 법을 익히라고 다그치지만, 수도사들은 한 쪽이나 한 구절, 혹은 한 줄에 대해 여러 시간, 여러 날을 들여 깊이 숙고한다. 그들은 그런 독서를 '렉티오 디비나'(*lectio divina*), 즉 '거룩한 독서'라고 부르며, 관상 기도를 하듯 책을 읽는다. 이 방법을 통해 독서는 배움의 공간을 메우는 것이 아니라 열어 준다.

교실에 있는 모든 학생이 적은 분량의 동일한 글을 읽으면서, 텍스트 속으로 들어가 그것을 완전히 소화한다면, 학생들과 교사와 주제 사이에는 서로 만날 수 있는 공동의 공간이 창조된다. 그것은 열린 공간이다. 왜냐하면 좋은 텍스트는 그것이 주는 대답만큼이나 많은 질문을 일으켜 주기 때문이다. 또한 그것은 경계가 있는 공간이다. 그 텍스트 자체가 우리의 상호 탐구의 범위를 정해 주기 때문이다. 또 그것은 우리를 편안하게 해주는 환대가 있는 공간이다. 왜냐하면 그 곳은 이미 우리 모두가 둘러보아 익숙히 알고 있는 공간이기 때문이다. 그러나 우리는 이렇게 공간을 창조해 낼 수 있는 독서 과제의 특성을 잘 활용하지 못할 때가 너무 많다. 우리는 훈련된 토론이 불가능할 정도로 너무 긴 독서 과제를 내주고 있다. 우리는 학생들이 시험에 대비해 읽은 것에 대해서 개인적으로 책임을 지울 뿐, 독서로 하여금 배움에 대한 상호 책임성 안에서 그들이 서로를 만날 수 있는 공동의 공간을 창조하도록 하지 않는다.

배경 지식이나 전체적인 조망을 얻기 위해서 좀더 많은 분량의 독서 과제를 부여해야 할 때도 있다. 그러나 적은 분량의 텍스트는 집중 탐구를 위한 장(場)이 될 수 있다. 역사적 문헌에서 뽑은 한 구절, 소설의 한 장면, 시 한 편, 혹은 음악 한 곡이 이런 '텍스트'가 될 수 있다. 또는 과학 데이터, 실험 결과물, 혹은 사회학 연구 조사도 텍스트가 될 수 있다. 각각의 경우 교사는 학생들을 텍스트가 창조하는 공간으로 걸어 들어가도록 초청한다. 교사는 그들에게 거기서 지금 어떤 일이 벌어지고 있는지, 그것을 어떻게 이해할 수 있을지, 그 안에서 그들이 스스로를 어떻게 이해하고 있는지 등에 대해 질문을 던질 수 있다. 이러한 접근법에서 열쇠는 학생들을 텍스트의 경계 내에 붙들어 두는 것이다. 즉 그들이 근거 없는 견해나 희망 사항에 불과한 환상이나 아무 관련 없는 사실들 속으로 도망치지 못하도록 하는 것이다. 우리는 텍스트를 우리의 수도원 암자로 삼아야 한다. 그리고 진리가 우리를 찾아낼 때까지 계속 거기 앉아 있어야 한다.

예를 들어, 자비의 본질에 대해 가르칠 경우, 나는 가끔 마틴 부버의 "천사와 세계 통치"(The Angel and the World's Dominion)라는 이야기를 들려주곤 한다.[5] 그 이야기는 이렇게 시작된다.

> 모든 것을 창조하거나 파괴할 수 있는 힘이 있으신 하나님이 온 지구에 끝없는 고통과 질병을 마구 풀어 놓으셨던 때가 있었다.

이야기는 다음과 같이 계속된다. 세상의 비참한 모습을 보고 슬픔에 빠진 한 천사가 하나님께 청하여 능력을 받아 자기 뜻대로 모든 것을 바로잡았다. 그러자 1년 동안 지구는 크게 융성했다. 그런데 추수할 때가 되어 사람들이 비옥한 땅에서 자란 곡식으로 빵을 만들자, "빵은 조각조각 부서졌고 그 조각들은 맛이 없었다. 마치 흙을 씹는 듯했다." 혼란에 빠진 천사는 하나님께 돌아가 말했다. "저의 능력과 판단에서 무엇이 부족했는지를 알려 주십시오." 그러자 하나님은 말씀하셨다.

> 내가 아는 진리, 태초로부터 오직 나만이 알고 있는 진리가 있다. 연약하고 마음씨 좋은 너, 나의 사랑스런 견습생인 네가 이해하기에는 너무나 깊고 무서운 진리가 있다. 그 진리란 지구는 썩은 부패물에게

서 영양을 공급받아야 하며 그 씨들이 낳는 그림자로 덮여야 한다는 것이다. 그리고 사람의 영혼은 홍수와 슬픔을 통해 비옥해져야 하며, 그 때 비로소 '위대한 일'이 태어날 수 있다는 것이다.

이 이야기, 이 배움의 공간에는 학생들의 눈에 제한적이고 불쾌하게 보이는 것들이 많이 있다. 그들은 하나님이 재앙을 만드실 수 있고 또 만드신다는 생각을 좋아하지 않는다. 그들은 천사가 최선의 노력을 들였는데 어떤 냉혹한 법칙에 의해 좌절되었다는 이야기를 좋아하지 않는다. 그러나 나는 학생들을 그 이야기가 묘사하는 세계의 경계 안에 애써 붙들어 둔다. '자비'라는 이해하기 어려운 주제는, 우리가 그것을 그 한정된 세계 내에서 추구할 때 좀더 쉽게 이해할 수 있다. 자비에 대한 우리 자신의 경험을 천사의 경험과 비교할 수밖에 없게 될 때 그 주제가 우리를 찾아오는 것이다.

교사는 또한 강의를 활용하여 배움의 공간을 창조할 수 있다. 교사는 비판적 정보와 해석학적 틀을 제공함으로써, 배움이 일어날 수 있는 경계들을 설정할 수 있다. 많은 교사들이 하고 있는 것처럼 말로써 공간을 메워버리지만 않는다면 말이다. 단일한 자료만 제공하고 그와 대립되는 증거들은 빼 버리는 교사는 배움의 공간을 닫아 버리는 것이다. 또 그 자료에 대해, 대안적 이론은 제시하지 않은 채 단 하나의 해석만을 제시하는 교사도 학생들에게 배움의 도전을 받을 수 있는 공간을 열어 주지 못한다.

나는, 강의를 통해 공간을 여는 법을 알고 용기를 가지고 몸소 그렇게 시도한 역사 교수에 관해 들은 적이 있다. 그는 첫 번째 수업에서, 그 날 다루어야 할 시대의 중요 사건들을 개괄하는 자세한 강의를 했다. 그리고 수업이 끝날 때쯤 엄청난 양의 정보에 짓눌려 있는 학생들에게 이렇게 말했다고 한다. "여러분은 오늘 필기한 노트를 모두 찢어 버려도 좋습니다. 왜냐하면 오늘 내가 말한 것들 중 많은 부분은 사실이 아니기 때문입니다. 그 중 어떤 것은 여러분이 마땅히 의심했어야 할 만큼 터무니없는 거짓말이었습니다. 도대체 17세기에 전기(電氣)가 있었겠습니까? 앞으로도 나는 강의 중에 가끔씩 더 많은 거짓말을 슬쩍 집어넣을 생각입니다. 그것들을 알아채고 바로잡도록 나에게 도전하는 것은 여러분의 몫입니다. 나는 내가 한 거짓말을 쓴 시험 답안은 오답으로 처리할 것입니다. 아무리 **내가** 한 말이라도 그것들은 틀린 말이기 때문입니다. 이상 수업 끝."

이 이야기가 사실이든 아니든(어느 쪽인지 나는 말하지 않겠다) 상관 없이, 그것은 가르치는 이가 어떻게 배움의 공간을 열 수 있는지를 보여 준다. 내가 상상하기로, 이 수업은 주의 깊은 귀기울임과 도전적 질문의 모델이 되었을 것이다. 이 교수는 학생들이 진리는 권위 있는 선언의 결과가 아니라 인격적이고 협동적인 분별의 결과임을 배우는 공간, 오류를 발견하기 위해 학생들이 서로 의존하는 공간, 학생들을 그들 자신과 서로의 교육에 참여하도록 초청할 뿐 아니라 강권하는 공간을 만들어 낸 것이다.

사막 교부들도 가끔씩 이와 동일한 화법을 사용했다는 것은 우연이 아니다.

형제들 중 하나가 이런 말을 들려주었다. "어느 날 나는 아바 조셉을 찾아뵈었다. 그 수도원에는 대단히 좋은 뽕나무 한 그루가 있었다. 이른 새벽에 그는 내게 '가서 먹으라'고 말씀하셨다. 그러나 그날은 금식해야 하는 금요일이었기에 나는 가지 않았다. 나는 그분께 청했다. '제발 설명해 주십시오. 스승님은 제게 가서 먹으라고 말씀하시지만, 저는 금식 때문에 못 가고 있습니다. 스승님의 명령에 대해 생각하면 부끄러워 얼굴이 붉어집니다. 저는 이런 말씀을 하시는 스승님의 의도가 무엇인지, 또 스승님의 말씀이니 마땅히 따라야 하는 것은 아닌지 궁금합니다.' 그러자 스승님은 말씀하셨다. '교부들은 처음에는 형제들에게 분명하게 말하지 않고 다소 모호하게 말한다. 그러다가 그들이 옳게 행동하는 것을 보면, 더 이상 그렇게 말하지 않고 진리를 말해 준다. 그들이 완전히 순종하고 있는 모습을 보았기 때문이다.'"[6]

이러한 이야기들은 배움의 공간을 여는 데 드라마(drama)가 하는 역할을 보여 준다. 여기서 드라마란 교사가 연기자와 같은 카리스마나 능력을 가지고 만드는 드라마를 뜻하지는 않는다. 우리 가운데 그러한 재능을 가진 사람은 흔치 않다. 그런 재능을 요구하는 교수 양식을 옹호하는 것은 우리를 아예 처음부터 좌절시키는 것이다(어떤 교수들은 강의를 '활기차게' 만들겠다고 전문 대본 작가와 희극 배우를 고용하는 희비극을 연출하기도 하지만!). 아니다. 가르침이 의존하고 있는 극적 공간(dramatic space)이란 진리가 우리 삶에 가해 오는 요구들로 창조되는 공간이다. 우리는 모두 극적 긴장을 창조하는 방식으로 강의하는 법을 배울 수 있다. 학생들에게 우리가 가끔씩 거짓말을 할 것이라고 말해 주기만 해도 되는 것이다. 이 방법을 통해 우리는 학생들에게 우리 모두를 다스리는 진리의 규칙이 있다는 것을 상기시켜 준다. 아바 조셉의 명령을 무효화시키는 금식 규칙, 역사 교사의 그릇된 주장을 무효화시키는 역사적 타당성과 상식이라는 규칙이 그런 것이다. 그 규칙과 우리의 지각 사이에 존재하는 간격이 극적 공간을 만들어 내며, 학생들은 그리로 끌려 들어가 분별하는 법과 상호간에 진리를 말하는 기술을 배우게 된다.

내가 지금 말하고 있는 극적 공간은 [고대 그리스·로마 극장에서 볼 수 있는] 무대가 앞쪽에 위치한 극장이 원형 극장으로 발전해 온 과정에서도 발견된다. 지금 나는 교사들에게 무대 위의 연기자가 되라고, '저쪽 바깥에' 멀찍이 앉아서 세계를 '이론화시키는' 법을 배우고 있는 관객들을 매혹시키라고 말하고 있는 것이 아니다. 지금 나는 관객들을 연극 안으로 끌어들일 줄 아는 교사, 학생들과 교사와 주제를 모두 진리의 드라마 속으로 인도해 들이는 공간을 창조할 줄 아는 교사를 요청하고 있는 것이다.

침묵과 말

교실의 배치, 공동 독서, 강의 외에도 교사들이 진리를 위한 공간을 만들 수 있는 다른 방법들이 있다. 그 중 두 가지에 대해 여기서 살펴보고자 한다. 그것은 바로 우리가 하는 말의 종류 그리고 참된 말을 낳는 침묵이다.

말(speech)은 귀중한 선물이자 없어서는 안 될 도구지만, 우리의 말은 너무나 자주 진리를 회피하는 수단이자, 실재를 사욕대로 재구성하는 것을 도와주는 수단이 된다. 따라서 우리가 보았듯이, 침묵은 사막 교부들에게 필수 불가결한 것이었다. 우리의 정신이 만들어 낸 세계가 허물어지고, 우리가 우리를 찾아오는 진리를 향해 열리게 되는 자리는 논쟁보다는 침묵이다. 우리의 말이 좀더 참되려면, 그것은 그것의 원천인 침묵으로부터 나와야 하며 또 침묵을 통해 교정되어야 한다.

종종 나는 침묵의 시간으로 수업을 시작한다. 겨우 몇 분에 불과하지만, 그 시간은 우리에게 자신을 가라앉히고 중심을 모을 수 있는 기회를 주고, 우리의 지성과 감정을 흐트러뜨려 진리를 회피하게 하는 것들을 물리칠 수 있는 기회를 준다. 나는 이 활동을 '기도'라고 부르진 않지만, 사실 그것은 기도다. 그 시간에 우리는 우리가 서로와 또 세계와 본성적으로 연결되어 있음을 느낄 만큼 고요한 상태로 들어가기 때문이다.

또한 나는 수업 중간에도 침묵의 시간을 갖곤 한다. 특히 열린 토론을 하다가, 말이 마구 뒤범벅이 되고 문제가 오히려 더 엉키기 시작할 때 그렇게 한다. 나는 학생들이 그러한 순간을 포착하고 조용한 성찰의 시간을 통해 얽힌 매듭을 푸는 법을 배우도록 돕는다. 우리는 침묵의 시간에는 '아무 일도 일어나지 않는다'는 생각을 버려야 한다. 때때로 침묵이 얼마나 새로운 명료함을 가져다 주는지를 알아야 한다.

때때로 나는 간단한 규칙 하나를 통해 내가 개입하지 않아도 이러한 침묵이 자연스럽게 일어날 수 있도록 만든다. 한 시간 동안의 대화 시간 중에 한 학생이 두 번(피치 못할 경우에는 세 번) 이상은 말할 수 없다는 규칙을 세우는 것이다. 결과는 상당히 놀랄 만하다. 대화가 자주 끊어지고 느릿느릿 진행되기에, 보통의 자유 토론 때보다 훨씬 더 많은 사람들이 말을 하게 된다. 적극적이고 말이 많은 학생들(보통 때는 대화의 80%를 지배하는 20%의 학생들)은 제어와 규제를 받게 된다. 그들은 꼭 해야 할 말을 신중하게 선별해야 한다. 반면, 조용하고 내향적인 학생들에게는 전과 달리 말할 수 있는 공간이 열리게 된다. 또한 그들은 말해야 하는 책임을 느끼게 된다. 이제 더 이상 토론의 짐을 열성적인 학생들에게 전부 맡겨 버릴 수 없기 때문이다. 나는 빠르게 진행되는 토론에서는 거의 말하지 않는 학생들 중 많은 이들이 실은 깊은 통찰력의 소유자인 것을 발견한다. 아마 그들은 삶의 대부분을 조용히 사색하며 살아왔기 때문일 것이다.

사람들이 만남을 갖는 대부분의 장소에서, 침묵은 위협적인 경험이다. 침묵은 우리를 당혹스럽고 어색하게 만든다. 침묵은 일종의 실패처럼 느껴진다. 그러므로 침묵을 활용하려는 교사는, 소음으로 진보를 측정하는 사람들에게는 침묵의 공간이 처음에는 황량하게 느껴진다는 사실을 이해하고 있어야 한다. 즉, 침묵은 신중하게 도입되어야 한다. 침묵이 효과적인 교수 방법이 되기 위해서는, 먼저 우리가 훈련을 통해 점진적으로 재형성되어야 한다. 그러나 일단 침묵의 사용이 어떤 그룹에서 자리를 잡게 되면, 일단 우리가 침묵이 진보를 가져올 수 있다는 사실을 배우고 나면(침묵이 우리를 퇴보하게 만들었다면, 그것은 이전의 진보가 허상이었기 때문이다), 그 때 비로소 침묵은 효과적인 배움의 공간이 된다.

결국 나의 학생들은 빠르고 맹렬한 흐름의 말보다 침묵 속에서 더 깊은 공동체 의식을 느낀다. 말은 너무 자주 우리를 분열시키지만 침묵은 우리를 하나로 묶어 준다. 침묵 속에 있으면 이 과잉 분석된 세계의 저변에 있는 진리의 통일성과, 우리와 다른 사람들 그리고 우리가 거하고 연구하는 이 세계 사이의 관계성을 더 잘 감지할 수 있게 된다. 우리가 이러한 통일성을 마음에 품고 침묵에서 나올 때, 언약의 말을 하고 듣는 것이 더 쉬워진다.

그렇다면 우리의 말은 어떠한가? 진리를 위한 공간을 창조하는 말은 어떤 말인가? 나는 침묵의 훈련을 통해, 많은 경우 나의 말은 공간을 열어 주기보다는 메우기 위한 것이었음을 알게 되었다. 너무나 자주 나는 사람들의 문제를 해결해 주기 위해, 그들의 질문에 대해 단정적인 해답을 주기 위해 말을 한다. 너무나 자주, 나는 나의 권위를 증명하기 위해 혹은 수업 중에 생기는 긴장의 순간을 해소하기 위해 성급하게 반응한다. 나는 긴장이 창조적일 수 있다는 것을 잊는다. 긴장이 우리를 배움의 공간으로 이끌 수 있는 기회를 주지 않는 것이다. 나는 학생들의 문제와 질문들이 그들 안에서 더 깊어지도록, 그래서 그것들이 교육의 역할을 할 수 있도록 하지 않는다. 나는 진정한 해결책과 진정한 해답은 오직 학생들 자신으로부터만 나올 수 있다는 것을 잊는다. 그들을 '교육하기' 위해서는 나 자신의 이해를 강요하는 말이 아니라, 그들의 이해를 밖으로 이끌어내는 말을 해야 한다는 것을 잊는다. 내가 의무적으로 말해야만 하는 사실과 이론들조차도, 학생들에게 흥미로운 질문으로 수용되지 못하는 한 학생들은 그것들을 완전히 소화하지 못한다.

그리하여 나는 침묵을 통해서, 대답보다 질문을 하는 것이 좋을 때가 많다는 것을 배웠다. 침묵이 우리에게 질문하기를 가르치는 것은 당연하다. 왜냐하면 침묵이 질문 자체이기 때문이다. 침묵 속에서 나는, 학생들이 교사의 권위 있는 말에 귀기울이는 것이 아니라 그들 자신의 경험, 상대방과 다루고 있는 주제에 귀기울일 공간을 열어 주는 질문들을 하는 법을 배웠다. 질문을 통해 가르치는 방식은 소크라테스, 예수님 그리고 아바 펠릭스의 비범성이기도 했다. 침묵으로 하여금 학생들에게 질문을 던지도록 함으로써, 또 학생들에게 그들 자신을 드러내 주는 질문("말씀을 듣고자 하는가?")을 던짐으로써, 비로소 아바 펠릭스는 그들을 진리의 문턱으로 인도할 수 있었다.

나는 관습적 교육을 넘어 '명료화 모임'(clearness committee)이라 불리는 퀘이커교도의 관습에서, 질문을 통한 교육의 모델을 발견한다. 퀘이커교도들(이들은 진리가 우리를 찾아온다는 믿음에 입각하여 침묵 속에 잠겨들어가는 영성을 갖고 있다)은 처음에는 결혼을 생각하는 커플들을 상담하기 위해 이 모임을 활용했다. 지금은 어떤 문제나 결정에 대해 생각하는 데 도움을 받고자 하는 사람은 누구나 명료화 모임을 활용할 수 있다. 나는 이 명료화 모임이 교실에서도 응용될 수 있다고 믿는다.

이 과정은 먼저 도움을 받고자 하는 커플이나 개인이 당면한 질문이나 문제를 배경 지식과 더불어 종이에 쓰는 것으로 시작한다. 그런 뒤 그들은 대여섯 명의 사람을 위원으로 선발하고 그들에게 그 종이를 보여 준 뒤 함께 대화하기 위해 모여 앉는다. 그러나 이 대화에는 한 가지 확고한 규칙이 있다. 위원들은 당면한 문제에 대한 그들 자신의 대답이나 해결책을 제공해서는 안 된다. 그들은 질문만 할 수 있다. 그 커플이나 개인은 그 질문에 대해 모든 위원들 앞에서 대답한다. 그러면 대답은 더 많은 질문을 낳고 질문은 더 많은 답을 낳으며, 모임이 진행될수록 질문과 대답 모두 깊이가 더해 간다.

과정은 단순해 보이고 또 실제로 그렇다. 그러나 이것은 또한 힘겨운 훈련이 요구되는 일이며 그 결과 역시 놀랍다. 그것은 우리에게 사람들에게 충고나 해답을 주려는 버릇을 포기하라고 요구한다. 그것은 우리에게 듣는 법을 배우라고 요구한다. 이것은 놀라운 과정이다. 모임이 진행됨에 따라, 대개 개인이나 커플의 내면에 처음부터 해답이 들어 있었으며 질문들은 다만 그 해답이 밖으로 드러날 수 있도록 도와주었을 뿐이라는 것이 분명히 드러나기 때문이다. 이것이 바로 진정한 어원적 의미에서의 '교육'이다—이미 학습자 속에 있던 진리를 밖으로 끄집어내는 것이다. 로맨스에 빠져 있던 커플들은 종종 이 과정을 통해 자신들이 좋은 결혼 생활의 기초가 되는 어려운 질문 몇 가지를 서로에게 하지 않았음을 발견한다. 때로는 자신들이 결혼할 준비가 전혀 되어 있지 않다는 것을 알게 되기도 한다. 직업상 어려운 문제에 직면한 사람들은 자신이 가야 할 길에 관한 내적 지침을 이미 가지고 있다는 것을 발견한다. 이러한 애정 어린, 그러나 예리한 질문하기의 공간에서 진리는 자신을 알릴 여지를 갖게 되는 것이다.

나는 명료화 모임을 교실에서 응용할 수 있는 다양한 방법을 상상할 수 있다. 일련의 자료들의 의미를 알아내는 경우를 가정해 보자. 보통 교사는 학생들에게 자료들의 의미를 일방적으로 말해 주거나 학생들을 가장 완전하고 빠른 해석을 찾아 내는 경쟁으로 몰아넣는다. 이에 대한 대안적 방법은 학생들을 소그룹으로 나누어 조직한 뒤, 소그룹에서 한 사람은 문제를 제시하는 자의 역할을, 다른 사람들은 질문하는 자의 역할을 맡게 하는 것이다. 이렇게 명료화 모임의 간단한 규칙을 사용하면, 상당한 양의 상호 교수와 학습이 진행될 것이며, 이것을 통해 학생들과 주제는 상호 언약의 공동체로 인도될 것이다.

질문만이 교육적 말하기 방법은 아니다. 사실이나 이론, 충고나 대답도 필요하다. 그러나 교사로서 우리는 늘 답과 해결책을 제시하는 데 지나치게 익숙하기에, 그것도 교육적 목적이 아닌 회피적 목적으로 그럴 때가 많기에, 특별히 진리를 위한 공간을 창조하는 질문을 하는 훈련이 필요하다.

감정을 위한 공간 만들기

지금까지 나는 인지적 공간, 즉 증거와 통찰이 나타나도록 하는 공간을 창조하는 일에 대해 말해 왔다. 그러나 교사들은 또한 교실에서 감정적 공간, 즉 감정이 생겨나고 다루어지도록 하는 공간을 창조해야 한다. 우리는 교육이 일으키는 감정을 회피할 목적으로, 배움의 공간을 여러 장애물과 방해물로 혼잡하게 만들 때가 많다. 그러한 감정들을 무관심하게 내버려두면, 우리는 그 공간을 깨끗하게 치울 수 없을 것이다. 감정—특히 두려움의 감정—에 대한 두려움은 이러한 종류의 가르침이 요구하는 공간을 창조하는 데 주요한 장애물이다.

공간 자체는 종종 두려움을 준다. 학생들은, 스스로 배우고 서로 배우도록 도우라는 열린 초대에 겁을 낸다. 그들은 교사가 포장 판매하는 교육을 선호한다. 그들은 자신이 알지 못하는 것에 대한 낯섦, 무지를 드러내야 하는 것, 교실 밖에서는 거의 경험해 보지 못한 방식으로 급우들과 관계를 맺어야 하는 것 그리고 자신의 자존감과 경력에 손상을 입힐 수도 있는 실패의 가능성에 대해 두려움을 느낀다. 학생들은 거의 눈에 보일 정도로 이러한 두려움을 안고 교실에 들어온다. 그러나 그런 두려움들을 인정하고 다루지 않으면, 배움의 공간은 닫혀 버리고 만다.

그런데 교사들 또한 두려움을 갖고 교실에 들어간다. 최소한 나는 그렇다. 제대로 준비되지 못한 것에 대해, 나 자신의 무지가 폭로될 것에 대해, 흐릿한 눈과 따분해하는 표정들을 만날 것에 대해 나는 두려워한다. 나의 역할과 전문성 문제는 제쳐두고, 나는 그들이 나를 한 인격으로서 어떻게 생각하는지에 대한 의문을 갖고 있다. 그들은 아마 그들의 삶에 영향을 끼칠 수 있는 나의 힘을, 점수와 추천서의 힘을 두려워하겠지만, 나는 나의 힘이 그들 속에 유발시키는 부정적인 혹은 양면적인 감정을 두려워한다. 그들이 나의 긍정을 필요로 하는 만큼 나 역시 그들의 긍정을 필요로 한다. 내게는 우리의 역할들로 인해 빈약해져 버린, 그들과의 공동체 의식이 필요하다.

흔히 교사들이 받는 표준적인 충고는, 의미를 따져 보면 다음과 같다. "결코 학생들에게 당신이 두려워하고 있음을 내색하지 말라. 그렇지 않으면 당신은 지배력을 잃고 말 것이다." 물론 그럴 수도 있겠지만, 나는 그런 상황에 처해 본 적이 없다. 오히려 반대로, 내가 여기서 탐구하고 있는 종류의 가르침은 우리 교사들에게 '지배력을 잃으라'고, 그래서 진리가 우리를 지배할 수 있도록 하라고 요구한다. 두려움의 감정으로 인해 닫혀 버리지 않는 배움의 공간을 창조하려면, 감정을 두려워하지 않는 교사가 필요하다.

먼저 교사가 감정을 위한 공간을 여는 일에 나서야 한다. 왜냐하면 그렇게 할 힘이 교사에게 있기 때문이다. 교사는 무엇이든 자연스러운 방법을 사용하여, 학생들에게 다음과 같은 메시지를 전달할 필요가 있다. "이 곳은 여러분의 감정을 드러내 보이기에 안전한 곳이다. 나 역시 감정을 갖고 있다. 나도 속에 있는 감정을 여러분에게 말해 주며 자신을 열 것이다. 가르치는 일이나 배우는 일이나 다 인간이 하는 일이기에, 우리는 배움의 과정에서 인간적 감정을 이용할 줄 알아야 한다. 오히려 그것들이 우리를 이용하지 못하도록 말이다. 나는 내가 먼저 이 일에 앞장섬으로써 여러분도 동참할 수 있도록 격려하려 한다. 나는 나 자신의 감정에 대한 이해를 가지고 여러분의 감정에 반응하려고 노력할 것이다."

지금 나는 학급이 심리치료 그룹이 되어야 한다고 말하는 것이 아니다. 그러나 감정에 대한 민감성은 이러한 가르침과 배움에서 필수적이다. 감추어진 감정이 배움에 해를 끼칠 수 있기 때문만이 아니라, 감정은 전인의 일부이기 때문이다. 우리는 전체적 존재로서 진리라 불리는 관계에 들어가는 것이지, 지성만 가지고 들어가는 것이 아니다. 사실은 지성보다 감정이 진리에 더욱 중요하다. 왜냐하면 지성은 사물을 분석하고 분리하려 하는 반면, 감정은 관계성을 추구하기 때문이다. 교사와 학생들이 교실에 갖고 들어오는 두려움의 감정조차 실은 공동체를 향한 우리의 감정적 욕구의 다른 얼굴이다. 두려움이란 공동체가 존재하지 않거나 가능하지 않음을 느낄 때, 해를 받을 염려 없이 마음껏 자신을 열 수 있는 관계를 맺고 있지 못함을 느낄 때 생기는 것이기 때문이다. 우리는 그러한 두려움을 다루어 줌으로써, 그것들 배후에 놓여 있는, 공동체를 향한 서로의 욕구를 깨달을 수 있게 된다. 또 그러한 욕구를 느낄 때, 진리라는 이름의 공동체에 우리 자신을 더 잘 열 수 있게 된다.

나는 공동체 형성에 도움을 주는 감정을 위한 공간을 만들기 위해 몇 가지 간단한 방법을 사용하는데, 이 때 심리치료사 행세를 하지는 않는다. 보통 나는 학기를 시작할 때 긴 자기 소개 시간을 가지며, 학생들로 하여금 서로에게 피상적 사실 이상을 묻는 질문들을 던지고 또 대답하도록 한다. 초보적으로나마 우리가 상대를 알고, 또 상대가 나를 안다는 것을 느낀 다음에야 비로소 우리는 자신의 감정을 표현할 수 있고 또 공동체를 형성할 수 있기 때문이다. 자기 소개 시간을 갖지 않는다는 것은, 교실에서는 교사와 연구 주제만이 자신을 알릴 기회를 가질 뿐 학생의 주관적 경험 따위는 중요하지 않다는 뜻을 전하는 분명한 표시다.

나는 나를 소개할 차례가 되면, 종종 새 학기가 시작될 때 갖게 되는 흥분과 염려가 뒤섞인 감정에 대해 말하곤 한다. 나는 내가 학생이었을 때의 감정을 회상하며, 학생들과 일체감을 갖고

자 노력한다. 또 학생들에게 수업중에 생기는 감정에 대해 수업시간에든 다른 시간에든 함께 이야기하자고 권유한다.

학기 내내, 나는 학생들의 감정에 민감하고 그에 따라 적절히 반응하고자 노력한다. 만일 소심한 학생이 논점에서 크게 벗어나 보이는 정보나 의견을 말하고 있다면, 나는 그것을 그냥 방치하기보다는 올바른 방향으로 바로잡고자 노력한다. 그러한 경우 그저 "틀렸어. 그건 아니야"라고 말하는 것은 별로 적절하지 못하다. 대신 나는 그 학생을, 그의 목적을 증진하는 데 도움을 줄 수 있는 대화에 참여시키고자 노력한다. 또한 나는 질문하는 학생들은 자칫 마음에 상처를 받을 수 있다는 사실을 기억하고자 노력한다. 나는 늘 위대한 교사였던 레오 스트라우스(Leo Strauss)의 본보기를 기억한다. 그의 학생이었던 베르너 단하우저(Werner Dannhauser)는 그에 대해 다음과 같이 묘사했다.

> 그는 질문을 격려했다. 나는 그가 '질문은 사고의 경건한 행위'라고 했던 하이데거(Heidegger)의 말에 동의했으리라 생각한다.…내가 그에게 홉스(Hobbes)에 대해 무언가를 처음 질문했던 때가 기억난다. 나는 스스로를 우둔하다고 생각하고 그것을 드러내기를 두려워했다. 하지만 그는 학생이 자신의 우둔함 즉 부족한 이해력을 인정하는 것을 두려워하지 않아도 되는 분위기를 만들어 주었다. 그래서 나는 질문을 했는데, 그는 내 질문을 굉장히 높은 수준으로 끌어올려 주어 나를 놀라게 했다. 나는 내가 무엇을 묻는지도 몰랐고 정말로

쩔쩔매고 있었다. 나는 기억한다. 그는 자기 책상으로부터 나의 자리로 걸어와서는, 홉스의 사상 중 난해한 점 몇 가지에 대해 개인적으로 이야기를 해주었다.…그가 말을 다 마치기도 전에 나는 사고한다는 것이 어떤 의미인지에 대해 무언가를 배울 수 있었다.[7]

학기말에 나는 10분이나 15분 정도를 들여, 그간의 수업에 대해 공동 평가 시간을 갖는다. 처음에는 이러한 토의 시간이 빨리 끝났고 어색했다. 학생들은 수업에 대해 교사와 더불어 하는 공적 평가가 아니라 자기들끼리 하는 사적 평가에만 익숙했기 때문이다. 그러나 점점 익숙해질수록, 이런 평가들은 배움의 공간을 깨끗이 치우는 데 도움이 된다. 때때로 그것은 우리에게 인식과 관련된 문제들을 지적해 준다. 어떤 문제에 대해 절반의 학생들만이 이해했다는 사실이 드러날 수도 있다. 그러나 그 시간은 감정들이 나타날 수 있는 기회가 되는 경우가 더 많다. 예를 들어, 어떤 학생들은 토론에 참여하고 싶었지만 그렇게 하지 못했던 좌절감에 대해 말하곤 한다. 어쩌면 여자들은 배제시킨 채 남자들이 토의를 지배했을 수도 있다. 이와 같은 평가들은 이미 그 자체가 해결책 역할을 하는 경우도 흔하다. 다음 번 강의도 이러한 평가 시간으로 끝날 것임을 모든 사람이 알기에, 말하기 좋아하는 학생들도 자연히 다른 사람들에게 말할 여지를 주게 된다.

강인한 성향의 교사들의 눈에는 감정에 주의를 기울인다는 것이 너무 '유약해' 보일 것이다. 그러나 감정을 위한 공간을 창조하면, 강한 훈련을 견디는 학생들의 역량 역시 자라게 된다. 그 방법은 간단하지만 능숙한 솜씨를 필요로 한다. 우리는 당면한 낯선 주제는 피하고 익숙한 감정만 다루려고 하는 우리의 성향에 유의해야 한다. 그러나 배움의 목적에 시선을 고정시키고 적절히 사용하기만 하면 이러한 방법들은, 자신의 무지를 드러내고 하기 힘든 질문을 하고 성장을 위해 다른 사람이 한 말의 타당성에 도전을 제기하고 다른 사람의 도전을 받아들이는 능력을 향상시켜 준다. 이런 것들은 감정이 억압받는 밀폐된 공간에서는 거의 일어날 수 없다. 그러나 감정이 정직하게 표현되는 배움의 공간, 감정을 두려워하지 않고 몇몇 단순한 기술을 사용할 줄 아는 교사에 의해 창조되는 공간에서는, 진리의 공동체가 우리 가운데 잘 자랄 수 있고 우리도 그 안에서 잘 자랄 수 있다.

6 ● 진리에 대한 순종이 실천되는 공간

진리의 규칙

"가르친다는 것은 진리에 대한 순종이 실천되는 공간을 창조하는 일이다." 이제 이 정의의 나머지 부분을 살펴보려 한다. 우리는 배움을 위한 공간을 창조할 때 그 공간에서 어떻게 진리에 대한 순종을 실천하는가?

관습적 교육에서는, 교실은 어떤 것을 '실천하는' 장소로 여겨지지 않는다. 실천은 세계 안에서 하는 것이며 교실은 그와 동떨어진 장소다. 실천은 학생들이 그것을 위해 준비하는 것일 뿐이다. 즉 그것은 미래를 지향한다. 또 그들의 준비는 축적되어 있는 지식을 흡수하는 일로 이루어진다. 즉 그것은 과거를 지향한다. 따라서 관습적 교육이 관여하는 실재들은 '저쪽 바깥'의 세계이며 '저쪽 뒤'의 과거이며 '저쪽 앞'의 미래다. 교육에서 가장 무시되고 있는 실재는 바로 현재 순간의 실재, 바로 지금 여기 이 교실에서 일어나고 있는 실재다.

교실을 '진리에 대한 순종이 실천되는' 장소로 만든다는 것은 교실과 (과거, 현재, 미래의) 세계 사이의 장벽을 허무는 것이다.

이는 교실에서 일어나는 일은 **곧** 세계 안에서 일어나는 일임을 긍정하는 것이다. 우리가 서로 및 연구 주제와 관계를 맺는 방식은 우리가 세계 안에서 관계를 맺는 방식을 반영하고 또 그것을 모양짓는다. 가르침에 대한 이와 같은 정의를 통해, 우리는 교실 안에서도 인식 주체와 인식 대상 사이의 언약을 실천한다.

교실은 진리의 공동체의 일부로 이해된다. 교실은 그 공동체의 다른 부분들보다 아마 더 집약적이고 성찰적인 부분, 그러나 다른 모든 부분들과 관계를 맺고 있는 부분이다. 실재는 더 이상 '저쪽 바깥'에 있는 것이 아니라 우리 사이에 있다. 즉, 우리는 배우는 상황의 살아 있는 실재에 주목함으로써 배움과 삶 사이의 골을 메운다. 그러한 교실에서는 앎도 삶도 단순한 관람 행위가 될 수 없다. 왜냐하면 교실 자체가 우리를, 진리가 요구하는 것과 동일한 참여와 책임성으로 부르기 때문이다. 교실은 '진리의 규칙'(the rule of truth)이 지배하는 세계의 축소판이 된다. 그 안에서 우리는 그 규칙 아래서 아는 법과 사는 법을 배운다.

'진리의 규칙'이라는 이 개념은 아주 중요하다. 왜냐하면 인격적 진리에 대한 가르침은 자칫 진리를 개인적인 지각, 해석, 감정으로 축소시킬 위험을 안고 있기 때문이다. 따라서 이런 종류의 가르침은 과학적 탐구의 규칙에 상응하는 규칙, 그것에 의해 우리가 진리의 공동체를 향해 나아갈 수 있고 그 진보를 측정할 수 있는 방법과 표준을 가져야만 한다. 그 방법과 표준은 논리와 증명의 규칙을 포함해야 하며 그럼으로써 최대한의 객관성을 확보해야 한다. 물론 그것을 넘어 최대한의 주관성도 확보해야 한다. 이는 우리 자신과 우리가 연구하는 이 세계가 모두 자율적인 '사물'이 아니라, 진리의 요구에 종속되어 있는 상호 의존적인 존재라는 인식이다.

내가 이번 장에서 전개하려는 주장은 과학적 방법을 버리라는 것이 아니다. 나는 과학적 방법에 감사해 마지않는 사람이다! 다만 나는 가르침에서의 진리의 규칙을 찾고 있는 것이다. 우리의 탐구에 질서를 부여하고, 우리 모두―인식 주체와 인식 대상―를 상호 순종적인 언약 관계로 인도해 줄 수 있는 규칙 말이다.

순종의 복합성

가르침과 배움에서 '진리의 규칙'의 핵심은 '순종'이라는 단어에서 발견된다. 순종이란 분별하여 듣고, 그렇게 들은 말에 내포된 인격적 의미에 신실하게 응답한다는 의미다. 순종은 자신이 듣는 모든 말을 노예적이고 기계적으로 추종한다는 의미가 아니다. 그것은 자신이 화자 및 그 사람의 말과 언약 관계에 있음을 인정하며 인격적으로 응답한다는 의미다. 아바 펠릭스가 순종하는 교사였던 이유는 바로 그가 '말씀'을 해 달라는 학생들의 요구를 들어주지 **않았다는** 데 있다. 대신 그는 그러한 간청의 내면에서 들은 진리―학생들은 그들의 삶에 대한 진리의 요구를 회피하기 위해 말씀을 원하고 있다는 사실―에 순종했다. 그래서 아바 펠릭스는 그들에게 "오늘날에는 더 이상 말씀이 없다네"라며, 그 이유를 말해 주었다. 그는 교사와 학생의 관계가 깨어졌다는 데 순종으로 귀기울임으로써 학생들에게 그러한 깨어짐을 드러내 보여 주었고, 그들을 진리라 불리는 관계 속으로 더 깊이 인도했던 것이다.

레슬리 드워트(Leslie Dewart)는 진리에 대한 순종의 본질이 무엇인가에 대해 부분적인 단서를 제공해 준다.

> [진리란] **부합**(conformity)이 아니라 **충실**(fidelity)이다. 그 둘의 차이는 무엇인가? 부합은 타자의 본성이 우리에게 부여하는 의무로 인해 우리가 그와 맺는 관계인 반면, 충실은 우리 자신의 본성이 우리 자신에게 부여하는 의무로 인해 우리가 타자와 맺는 관계다. 부합은 밖으로부터 부여되는 의무지만, 충실은 우리 안으로부터 부여되는 의무다.[1]

인격적 양식의 앎과 가르침을 위해서 우리는 언제나 상대의 본성에 대해 인식하고 있어야 한다. 그러나 상대의 본성이 우리의 응답을 최종적으로 결정하는 것은 아니다. 그 본성은 무지나 편견, 탐욕으로 인해 어두워지기 쉽기 때문이다. 우리는 상대가 원하는 것에 부합함으로써가 아니라, 우리의 내면적 진리에 대한 충실 혹은 순종으로 서로에게 응답해야 한다. 물론 우리 자신의 본성도 다른 사람들처럼 어두울 수 있기에, 우리는 상대방도 우리가 듣고 싶어하는 것에 부합함으로써가 아니라, 상대방 자신의 내면적 진리에 대한 충실 가운데서 우리에게 말하도록 허락해야 한다. 우리가 찾아가는 진리, 우리를 찾아오는 진리는 궁극적으로 우리가 앎의 주체뿐만 아니라 대상도 되는, 존재의 공동체 안에 놓여 있다.

각 사람이 외적 요구에 대한 부합이 아니라 내적 진리에 대한 충실 안에서 말하는 대화의 과정은 우리의 공동체적 관계를 점검하고 비판하며 정화해 준다. 그것은 언약으로서의 진리를 추구해 가는 과정이다. 이런 대화가 계속 진행되면서 더욱 큰 진리가 드러나는데, 이는 우리 내면에 존재할 뿐만 아니라 우리 **사이에** 존재하는 진리다. 이는 우리 각자는 개인의 세계 속에 고립되어 있는 자율적인 행위자가 아니라 서로 공동체를 이루고 있는 존재라는 진리다. 공동체는 우리가 우리의 내적 본성을 추구할 때 나타나기 시작한다. 그러나 그것은, 우리의 창조된 본성은 우리를 서로와의 그리고 우리가 아는 모든 것과의 순종의 관계로 부른다는 사실을 깨달을 때에만 성장한다. 즉, 공동체는 우리가 내적 응답을 대화와 언약의 관계를 통해 외적으로 표현할 때 비로소 성장할 수 있다.

관계적 진리에 대한 순종은 분명 복잡하기 그지없는 일이다. 디트리히 본회퍼(Dietrich Bonhoeffer)는 "진리를 말하는 것"(Telling the Truth)이라는 에세이에서 그것이 지닌 모호성을 일부 묘사한 바 있다. 본회퍼는 이 글을 썼을 뿐 아니라, 나치의 손에 죽임을 당하기까지 진리에 순종하며 따랐던 인물이므로, 진리의 복잡함에 대한 그의 말은 내게 특별한 무게로 다가온다.

> '진리를 말하는 것'은…단순히 도덕적 문제가 아니다. 그것은 현실에 대한 올바른 판단과 그에 대한 진지한 숙고의 문제이기도 하다. 한 사람이 처한 삶의 실제 상황이 복합적일수록 '진리를 말하는 것'에 대한 책임과 어려움이 더 커진다.
>
> 예를 들어, 어떤 교사가 수업중에 한 아이에게 아버지가 종종 술에 취해 집에 오시는 것이 사실이냐고 묻는다고 하자. 그것은 사실이지만 아이는 그것을 부인한다.…그 아이는, 이 교사의 행동은 자신의 집안 문제에 대한 부당한 간섭이며 따라서 거부해야 한다고 느낀다. 자기 집안 일은 학교에서 수업중에 말할 문제가 아닌 것이다.…교사의 질문에 대해 '아니오'라고 했다는 것만 보면, 그 아이의 대답은 분명 거짓이다. 그러나 동시에 그것은, 가족은 독립적인 기관이며 따라서 교사는 거기에 간섭할 권한이 없다는 진리를 표현해 주는 것이기도 하다. 그 아이의 대답은 물론 거짓말이라고 할 수 있지만, 이 거짓말에는 더 많은 진리가 담겨 있다. 다시 말해, 그 대답은 그 아이가 반 아이들 앞에서 아버지의 허물을 드러내었을 경우보다, 더 실재와 부합한다.[2]

이 이야기는 내게 가르침에서 진리에 순종하는 문제와 관련하여 몇 가지 교훈을 주었다. 먼저 이 이야기는, 교사가 학생들에게 던지는 질문은 학생들이 삶을 영위하는 더 큰 진리의 공동체를 고려해야 한다는 것을 상기시켜 준다. 이 이야기는, 교실 안에는 다른 많은 언약 관계가 존재한다는 것, 가르치는 이는 그 언약을 감지하고 존중해야 한다는 것, 내가 학생들의 그 관계들 속으로 들어갈 때에만 나의 가르침이 그 관계들을 강화시켜 주고 확장시켜 줄 수 있다는 것을 상기시킨다. 또한 본회퍼는, 내가 가끔 진리라는 이름으로, 즉 학생들과 나 사이에 존재하는 언약의 이름으로 '거짓말'을 해야 한다는 것, 만일 내가 사실이라는 무기를 무자비하게 휘두른다면("방금 네가 한 말은 완전히 틀렸어") 학생들은 진리 속으로 들어오지 못한다는 것, 진리는 사랑 안에서 말해지지 않으면 결코 학생들에게 알려질 수 없다는 것을 알려 준다.

또한 나는 본회퍼의 이야기를 생각하면 학생들이 이야기 속의 그 아이처럼 궁지에 몰리는 일이 없는 교실을 만들기를 갈망하게 된다. 그 아이에게는 '거짓말'을 할 필요가 없는 배움의 공간, 그의 삶에 있는 어두운 사실들이 교육의 과정을 통해 빛을 받을 수 있는 장소가 필요하다. 여기서도 나는 학급이 심리치료 그룹이 되어야 한다고 말하는 것이 아니다. 나는 교사가 당일 교과를 제쳐두고, 그 아이의 문제를 해결해 주어야 한다고 말하는 것이 아니다. 그러나 그 교실이 어떻게든 학생들의 삶 속에 있는 관계와 갈등을 포용해 줄 수 없다면, 학생들은 계속 교사에게 '거짓말'을 할 것이고, 배움의 과정을 나머지 삶으로부터 계속 떼어놓을 것이다. 아무리 잘 해 보았자, 그러한 교육은 학생들 안에 숨겨진 개인적 문제들로 인해 계속 비틀거릴 뿐이다. 그리고 최악의 경우에 그것은, 앎과 삶이 따로 돌아가며 결코 서로 만나지 않는 일종의 정신 분열증을 만들어 내고 만다.

교실에서 진리에 대한 순종을 실천하는 것은 복합적이고 어려운 일이다. 이를 위해서는, 순종의 개념에 깊이 젖어들어 순종이란 진리를 기계적으로 말하는 것이 아니라 학생과 교사, 학과와 세계 사이에 존재하는 언약을 민감하게 느끼는 과정이라는 것을 이해하는 데서 출발해야 한다. 여기에는 '이렇게 하면 된다'는 식의 확실한 기술 같은 것은 없다. 다만 비교적 유용하게 사용될 수 있는 몇몇 실제적 교수법이 있다. 이러한 방법 몇 가지에 대한 나 자신의 경험을 나누고자 한다.

합의에 의한 학습

나는 전혀 예상치 못했던 곳에서 진리에 대한 순종을 실천하는 모델을 발견했다. 그것은 "달에서의 실종"(Lost on the Moon)[3]이라는 모의 게임이다. 그 게임에서 학생들에게는 과제가 하나 주어진다. 그들은 자신이 달의 표면에 추락한 우주선의 승무원이라고 가정한다. 그들에게는 추락 뒤에 남은 15가지 장비 목록이 주어진다. 달에서 본 별자리 지도, 몇 리터의 물, 나침반, 산소 탱크, 밧줄 등. 착륙 지점에서 300킬로미터 떨어진 곳에는 또 다른 우주선이 그들을 지구로 귀환시키기 위해 대기하고 있다. 목표는 그 장비들을 사용해서 승무원들을 추락 지점에서 구조선까지 이동시키는 것이다.

학생들에게 주어지는 임무는 15가지 장비 각각에 대해 그 유용성의 정도에 따라 등급을 매기는 것이다. 우선 학생들은 당면 과제와 관련된 모든 지식을 총동원하여 개인적으로 등급을 매긴다. 그 다음에는 6-8명 정도가 한 그룹으로 모여 각자 매긴 등급에 대해 토의하고 이견에 대해 협상한 뒤, 그룹 공동의 등급을 설정한다. 다양한 장비의 상대적 유용성에 대해 **합의**(consensus)된 결정을 내리는 것이다.

비록 게임에 지나지 않지만, "달에서의 실종"은 타당한 교육적 모델이 될 수 있는 한 가지 특징을 갖고 있다. 즉 성공적으로 임무를 완수하기 위해서는 단순한 의견이 아니라 지식이 필요하다는 것이다. 달에서도 나침반이 작동하는가? 달의 표면 중력은 어느 정도이며, 그것은 승무원들의 움직임과 장비 사용에 어떤 영향을 끼치는가? 달 주변의 별자리에 대한 지식은 얼마나 유용한가? 게임에 참가하는 대부분의 그룹에는 천체물리학자가 없을 것이므로, 각 그룹은 어떻게든 단편적 지식, 직감, 의견 등을 가려내어 타당한 주장과 그릇된 주장을 구별할 수 있어야 한다.

각 그룹이 합의에 도달하면, 그룹이 공동으로 매긴 등급과 그룹 내 개인들이 매긴 등급을, 미항공우주국(NASA)이 제공한 전문적 등급과 비교한다. 이러한 비교에 따라 점수가 매겨지고 개인별, 그룹별로 임무 완수 정도가 측정된다. 해당 분야에 대한 지식에 차이가 있기에 학생들의 개인별 점수는 천차만별이다. 그러나 이 개인별 점수들을 그룹 점수와 비교해 보면, 그 결과는 놀라울 때가 많다.

그룹 점수는 거의 언제나 개인 점수의 평균보다 높다. 이는 합의에 도달하는 과정이 그 그룹의 지식을 구성원들의 평균 지식보다 더 높은 수준으로 올려 준다는 것을 보여 준다. 그러나 더 중요한 사실은, 그룹 점수가 종종 그룹 내 개인 최고 점수보다 높다는 것이다. 이는 그룹은 합의를 통해, 그룹 내의 가장 지식이 많은 구성원보다 더 높은 수준의 지식에 도달할 수 있다는 것을 보여 준다. 이러한 차이의 정도는 전적으로 그룹 과정의 질에 달려 있다. 즉 합의를 통해 학습하는 일에 훈련된 그룹일수록, 이러한 차이는 두드러지게 커진다.

여기서 일어나고 있는 일은 무엇인가? 사람들은 합의를 통한 탐구를 통해 '진리에 대한 순종을 실천'함으로써 학습하고 있는 것이다. 즉, 그들은 서로에게 그리고 당면 주제에 신실하게 귀기울이고 응답함으로써 학습하고 있다. 그들은 개인주의적이거나 경쟁적이 아닌, 공동체적이고 협력적인 교육 과정을 사용하고 있다. 그것은 실재 자체의 공동체적 본질을 반영하는 교육 과정이다. 그들은 언약으로서의 진리의 규칙을 실천함으로써 배우고 있는 것이다.

먼저 이 규칙은 우리가 서로에게 순종하도록 만든다. 즉, 그것은 그룹 토의와 그룹 분별의 과정을 인도한다. 그런데 그러고 나서 그것은 우리를 당면 주제에 대한 순종으로 인도한다. 우리가 서로에게 순종을 실천할 때, 그것은 우리 너머의 '객관적' 본성을 가진 실재에 대한 순종이 된다. 우리는 서로에게 귀 기울일 때 그 실재의 다양한 변형(version)에 귀 기울이는 것이다. 그리고 그러한 변형이 서로를 확증하거나 반박할 때, 우리는 우리 너머의 실재에 더욱 충실한, 서로 간의 합의를 향해 나아간다.

합의적 과정을 통해 진리를 추구하는 것은, 이 점수가 종종 보여 주듯이, 우리는 혼자서 생각할 때보다 공동으로 생각할 때 더 똑똑해진다는 단순한 가정에 기초한다. 합의는 개인의 단편적 지식을 더 온전한 지식으로 변화시켜 주며, 이는 학생들이 서로 및 당면 주제에 순종할 때 일어나는 변화다. 그룹 전체의 지식은 단순히 그 구성원들의 지식을 모아 놓은 것이 아니다. 그것은 언제나 부분의 합계보다 잠재적으로 더 크다.

그렇다면 훌륭한 합의 과정이란 무엇인가? 이러한 종류의 탐구를 지배하는 진리의 규칙은 무엇인가? 진리에 대한 순종을 실천하기 위해서는 그룹에게 어떤 종류의 실제적 훈련이 필요한가? "달에서의 실종"을 고안한 제이 홀(Jay Hall)은 몇 가지 개략적인 제안을 한다. 그는 그 게임을 가장 효과적으로 해 낸 그룹들의 상호 작용에 대한 연구를 통해, 합의를 통한 진리 추구의 규칙 즉 언약으로서 진리의 규칙을 다음과 같이 제안하였다.

합의란 이용 가능한 모든 자원을 사용하여 창조적으로 갈등을 해결하는 결정 과정이다. 합의에 도달하기란 어려운 것이므로, 모든 등급

결정이 그룹 내에서 **완전한** 찬성을 얻을 수는 없다. 만장일치가 목표는 아니다. 이는 좀처럼 일어나지 않는다. 그러나 각 구성원은 그룹이 매긴 등급을 논리와 실현 가능성에 입각하여 받아들일 수 있어야 한다. 그룹 내 모든 구성원이 이런 식으로 느낄 때, 그것은 여기서 정의하는 대로의 합의에 도달한 것이고 그 판단은 그룹 전체의 결정으로 인정될 수 있다. 물론 이는 어떤 한 구성원이, 필요하다고 판단되면, 그 그룹의 결정 과정을 봉쇄시킬 수도 있음을 의미한다. 그렇지만 그는 최선의 의미에서의 상호성 안에서 그러한 권리를 행사해야 한다. 다음은 합의를 도출하는 과정에 적용되는 몇 가지 지침이다.

1. 자신의 판단을 관철시키려고 논쟁을 벌이는 일은 피하라. 최대한 분명하고 논리적으로 당신의 입장을 제시하고, 그런 뒤에는 자신의 주장을 고집하기 전에 먼저 다른 구성원들의 반응에 귀를 기울이고 그것들을 주의 깊게 생각하라.

2. 토론이 교착 상태에 빠졌을 때 꼭 승자와 패자를 가리려고 하지 말라. 대신 모든 사람이 받아들일 수 있는 차선책을 찾으라.

3. 단순히 갈등을 피하고 일치와 조화를 이루기 위해 당신의 생각을 바꾸지는 말라. 합의가 너무 빨리 쉽게 이루어질 때, 오히려 의심을 품으라. 합의가 이루어진 이유들을 자세히 살피고, 모든 사람이 기본적으로 유사한 혹은 보완적 이유로 그 해결책을 받아들이는지 확인하라. 객관적이고 논리적으로 타당한 기초를 가진 입장만 받아들이라.

4. 다수결 투표, 평균 내기, 동전 던지기, 흥정 등 갈등을 줄이기 위

한 수단을 피하라. 당신과 다른 의견을 가졌던 구성원이 결국 당신의 의견에 동의했다고 해서, 다음 번에는 그의 의견에 동의해 주어야겠다고 생각하지 말라.

5. 의견 차이가 생기는 것은 자연스럽고 당연한 것이다. 적극적으로 그것들을 찾아내고, 결정 과정에 모든 사람을 참여시키려고 노력하라. 정보와 의견의 범위가 광범위한 만큼 타당한 해답에 도달할 기회 역시 커지는 것이므로, 의견 차이는 오히려 그룹의 결정에 도움이 될 수 있다.[4]

이 과정에서 갈등의 창조적 역할에 대해 주목하는 것이 중요하다. 실재에 대한 지각은 개인마다 다르다. 우리가 서로 및 실재와 언약을 맺는다는 것은, 그(것)들이 서로를 가르치고 변화시킬 수 있도록 그러한 차이를 솔직하고 정직하게 드러낸다는 의미다. 이러한 학습 과정에서, 학생들은 자신의 확신에 대해 용기를 가지고 말하지만, 또한 교정과 변화의 가능성도 열어 놓는다. 우리는 합의를 통해 배울 때, 더 이상 객관적 권위주의나 주관적 상대주의의 전횡에 종속당하지 않는다. 대신, 우리는 실재 자체의 상호성과 관계성 속으로 들어가게 되며, 우리의 지식은 우리가 진리의 공동체의 복합성에 귀기울이고 응답함에 따라 자라난다.

제이 홀은 또한 자신의 연구를 통해, 창조적 갈등을 강조하는 이러한 합의 과정은 구성원들이 서로를 편안하게 느낄 때 가장 효과적이라는 점을 발견했다. 이는 환대가 있는 학습 공간은 배움의 고통스런 부분을 견딜 수 있게 해준다는 나의 주장에 대한 확증인 셈이다.

안정적인 그룹에서 의견 차이는 그다지 큰 위협으로 느껴지지 않는다. 의견 차이는 자연스러운 것으로 여겨진다. 그것은 더 심층적인 토의가 필요함을 시사하고 다양한 대안적 해결책을 제공할 뿐, 구성원 상호간의 적대감을 의미하거나 그 그룹의 단합을 위협하지는 않는다.

그러나 서로 낯선 이들이 모인 그룹에서는 상황이 다르다. 거기에는 긴밀한 유대 관계도 없으며 응집력도 빈약하고 일시적이다. 의견 차이는 그 그룹의 약한 상호 관계에 위협을 가하며, 따라서 구성원들은 그것을 해결하려 하기보다는 그저 적당히 얼버무리려 한다. 의견 차이가 생기면, 불안정한 그룹의 구성원들은 서로 부딪치지 않으려고 쉽게 타협을 하거나 다수결 원칙처럼 중립적이고 기계적인 해결책을 시도한다.[5]

어떤 독자들은 "그러나 이것은 게임에 불과하다. 다른 종류의 학습과는 거의 상관이 없다"고 말하고 싶을 것이다. 나는 그렇게 생각하지 않는다. 학생들로 하여금 이러한 가상적 문제를 해결하게 해주는 합의 과정은, 교실에서 한 편의 문학 작품이나 시의 가장 깊은 진리를 발견하게 해주는 것과 동일한 과정이다. 또한 그것은 일련의 사회학적 통계나 역사학적 자료의 의미를 발견하게 해주는 것과 동일한 과정이기도 하다. 사실, 일반 과학자 공동체들이 이와 동일한 과정을 사용하고 있다. 그 모든 경우에서 우리는 사실들을 수집하고 지식을 서로 나누며 상충되는 해석을 제시하고 검토한다. 그러한 자료와 해석의 갈등으로부터 더 온전한 지식이 생겨난다.

합의는 우리가 순종과 언약을 실천하는 실제적인 과정이다. 합의는 다수의 의견을 곧 진리로 여기는 의견의 민주주의가 아니다. 우리가 서로와 당면 주제에 귀기울이고 응답할 때 나타나는 진리는 단순히 집단의 의견으로 전락하지 않고 오히려 그것을 초월한다. 합의란 바로 그러한 진리를 탐구하는 과정이다. 합의를 통해, 각 개인의 진리는 우리의 삶과 배움이 이루어지는 자리인 공동체적 언약에 의해 긍정과 교정을 받게 된다. 합의를 통해, 학습 과정 자체는 우리가 서로 및 공동의 세계에 대해 충실하게 살아가는 데 필요한 순종의 모델이 된다. 이런 방식으로 배우는 학생들은 사실 이상의 것을 배운다. 그들은 서로 및 세계와 순종으로 관계 맺는 방식을 배운다. 그들은, 공동체적 윤리 안에서 그들을 형성시켜 주는 공동체적 인식론을 실천하고 있는 것이다.

이런 종류의 공동 학습에 매력을 느끼긴 하지만 학급의 규모 때문에 단념해 버리는 교사들이 있을 것이다. 100명 이상 되는 교실에서 어떻게 합의 학습을 실천할 수 있겠는가? 학급을 소그룹으로 나누면 되지 않느냐고 제안하면, 이들은 그렇게 하면 그 그룹들은 학습이 거의 이루어지지 않는 '잡담' 그룹이 되어 버릴 뿐이라고 말한다. 그러나 합의 과정의 미덕은, 거기에는 명확한 규칙이 있으며 학생들 스스로가 그것을 익힐 수 있다는 점이다.

나는 큰 규모의 학급에서는 학생들이 소그룹 토의를 '잡담'으로 만들지 못하게 하는 법을 훈련시킨다. 우선 우리는 합의를 도출하는 규칙들에 대해 토의하는 시간을 갖는다. 그 다음 나는 한 소그룹의 학생들로 하여금 전체 학급이 지켜보는 앞에서 그 규칙들을 사용하여 어떤 문제에 대해 토의하게 한다. 그들이 토의를 다 마치면, 나는 나머지 학생들로 하여금 그들이 지켜본 그 그룹 과정에 대해 논평하도록 한다. 규칙들을 잘 준수했는가? 규칙들을 잘못 적용하거나 어긴 적은 없는가? 그럴 때 그들은 어떻게 반응했으며, 그런 잘못을 반복하지 않으려면 우리는 어떻게 해야 하는가? 그런 뒤, 나는 또 다른 소그룹을 선택해 같은 과정을 반복함으로써 훈련을 심화시킨다. 이런 방법을 통해 학생들은 합의 과정을 진행시키는 능력을 얻게 되고, 소그룹으로 나누어져도 충분한 리더십을 발휘하게 된다. 중구난방의 잡담 시간이 될 가능성이 아주 없지는 않지만, 최소화할 수는 있다. 특히 토론 과정 및 결과에 대해 그룹별로 내게 보고해야 할 경우에는.

주제의 목소리

무릇 교실에서 일어나는 대화에는 세 주체가 있다. 바로 교사와 학생 그리고 연구되는 주제다. 이 세 번째 주체의 중요성은 앞서 합의에 대해 말했을 때 이미 함축

되어 있었지만(우리는 달의 실재에 주의하지 않고서는 "달에서의 실종"의 문제를 풀 수 없다) 좀더 분명하게 제시될 필요가 있다. 진리에 대한 순종을 실천하기 위해서 우리는 서로에 대해서뿐 아니라 또한 당면 주제에 대해서도 귀를 기울여야 한다. 우리는 주제에게 그 자신의 목소리 곧 자신의 진리를 말할 수 있는 목소리, 우리의 술어로 축소되는 것을 거부할 수 있는 목소리를 부여할 방법을 찾아야 한다. 물론 이런 일은, 부분적으로 내가 그 주제에 대해 나와 견해가 다른 학생들의 목소리에 귀기울일 때도 일어난다. 그러나 주제 자체도 목소리를 갖고 있다. 진리에 대한 순종을 실천하기 위해서 우리는 우리의 모든 해석을 넘어 그 주제 자체가 자신에 대해 하는 말을 듣고자 애써야 한다.

과학 실험실에서 행해지고 있는 일이 바로 이런 종류의 주의 깊은 듣기다. 과학자는 주제의 목소리를 확대시키는 도구들을 사용할 뿐만 아니라 그런 도구들도 거의 잡아내지 못하는, 자연의 희미한 소리를 듣고자 끊임없이 애를 쓴다. 아무리 희미하더라도 일단 그러한 신호가 수신되면, 과학자는 문제는 우리 수신자에게 있으며, 우리는 자연의 목소리를 억누르거나 왜곡시키지 않고 주의 깊게 들을 수 있는 방법을 발전시킬 필요가 있다는 사실을 깨닫게 된다.

주의 깊은 듣기에 대한 이와 같은 강조는 학생들에게 거짓말을 했다는 그 교수 이야기에게서도 발견된다. 그는 학생들에게 이렇게 말했다고 한다. "내 말을 넘어서서 말하고 있는 역사적 진정성의 목소리가 있습니다. 그 목소리에 귀를 기울이십시오. 그리고 여러분이 들은 것에 우리 모두 책임을 지도록 하십시오."

나는 가르칠 때, 내가 학생들로 하여금 주제를 단순히 '관찰하는 것'을 넘어 그것과 인격적으로 대화를 나누도록 하면 그 주제가 가진 목소리의 자율성이 자란다는 것을 발견한다. 우리는 어떤 주제를 그저 관찰하기만 할 때는 그것에 대해 편견을 가지는 경향이 있다. 즉, 그 주제 역시 자신의 실재를 가지고 있다는 것을 망각한다. 그러나 주제를 그저 관찰하는(view) 것이 아니라 그것과 대화를 나눌(interview) 때, 우리는 그 주제가 우리의 선입견과는 놀라울 정도로 다른 방식으로 우리에게 응답한다는 것을 발견한다. 주제의 이러한 '타자성'을 통해 우리는 고립된 앎에서 벗어나 언약의 공동체로 인도된다. 즉, 우리는 단순히 상대를 알 뿐 아니라, 상대로 하여금 나를 알도록 한다.

몇 가지 예를 들어 보자. 가끔 나는 토머스 머튼의 삶과 글을 주된 바탕으로 하는 '관상과 행동' 수업을 가르친다. 나는 그 강의에서 개념적·실제적 문제들을 다루기 전에 먼저 학생들에게 마치 절친한 친구를 소개하듯이 주의 깊게 머튼을 소개하는 시간을 갖는다. 학생들에게 머튼의 모습을 보여 주기 위해 그의 사진을 회람하게도 하고, 그의 일대기를 개괄하면서 그의 삶에 있었던 갈등과 초월의 순간에 대해 자세히 설명해 준다. 나는 다양한 주제에 대한 그의 글들을 뽑아서 학생들에게 나누어 주고, 돌아가며 소리내어 읽게 한다. 머튼이 그의 학생들을 가르치던 강의가 담긴 카세트테이프를 틀어, 학생들이 그의 목소리를 직접 들어 보게도 한다. 나는 가능한 모든 방법을 동원하여 학생들로 하여금 '인간' 머튼을 만날 수 있도록 한다. 그럴 때 나는 이어지는 강의에서, 머튼 자신의 실재가 갖는 객관성과 '타자성'을 통해 강의의 주제에 대한 우리의 개인적 편견을 점검하고 바로잡을 수 있게 된다. 이렇게 '관상과 행동'이라는 추상적인 주제는 토머스 머튼이라는 인물의 인격적 실재에 근거를 두게 되며, 학생들은 그 인격을 통해 그 주제와의 공동체로 초대받아 각자의 삶에서 그 인격적 실재를 발견할 수 있게 된다.

또 다른 예를 들어 보자. 나는 세계를 변화시키기를 원했던 천사에 대한 부버의 이야기를 들려줄 때, 학생들에게 그 이야기가 그려 주는 세계를 관찰하기만 할 것이 아니라 그 속으로 들어가라고, 작중 인물들과 역동적인 대화를 나누어 보라고 말한다. 나는 간단한 방법을 사용한다. 이야기를 함께 읽고 토의를 거친 다음, 나는 학생들에게 "사람의 영혼은 홍수와 슬픔을 통해 비옥해져야 하며, 그 때 비로소 '위대한 일'이 태어날 수 있다"는 하나님의 말씀을 들은 천사의 입장이 되어 그 이야기의 후편을 써 보라고 말한다.

그 말을 들은 천사는 하나님에게 어떤 반응을 하는가? 하나님은 그 천사에게 어떻게 대답하시는가? 그러면 그 천사는 어떤 행동을 하는가? 절망에 빠지는가, 자기 생활로 돌아가는가, 다리에서 뛰어내리는가, 아니면 위원회를 구성하는가? 30분의 조용한

작문 시간 후 우리는 각자가 쓴 이야기를 서로 나눈다. 이는 자비에 대한 우리의 통찰을 깊게 만들어 준다. 왜냐하면, 자비가 필요하지만 그것을 행하기가 너무 어려운 세계에 대한 이야기를 통해 우리는 그 주제와의 살아 있는 관계로 인도되기 때문이다. 학생들은 그 이야기의 후편을 직접 써 보고 나누면서 그들 자신이 드러나고 알려지는 것을 경험한다.

이러한 대화적 접근법은 소설이나 시를 가르칠 때에도 사용될 수 있다. 우리는 학생들에게 작품들을 그저 관찰하라고 요구할 때가 너무 많다. 때로는 심지어 그들 자신의 눈이 아닌 인정받는 비평가들의 눈을 통해서 보라고 한다. 그러나 언어 창작물은 단순한 관찰의 대상이 아니다. 그것은 목소리를 가지는데, 창작자의 목소리뿐만 아니라 그 창작물 자체의 목소리, 우리와 대화를 나눌 수 있는 목소리다. 그러므로 우리는 학생들로 하여금 그러한 목소리들과 대화하게 해야 한다. 우리는 그 소설이나 시가 학생에게 말을 하도록, 학생들이 그것에게 말할 입을 주어, 전에는 듣지 못했던 말을 들을 수 있도록 해야 한다. 학생에게 그 시의 어떤 말이 그의 응답을 불러일으켰는지 말하게 하라. 그가 응답하면, 이번에는 거기에 대해 시 자체의 목소리가 또 무엇이라고 응답하는지 들어 보라고 말하라.

이와 같은 대화는 최선의 의미에서 '객관성'을 보장해 준다. 비평가의 목소리는 진정한 의미에서 객관적이지 않다. 그것은 그 시를 이해하고자 했던 또 다른 학생의 목소리에 불과하다. 또한 그것은 다른 학생들과 시 자체의 목소리를 압도할 만큼 너무 크게 말하는 외적 권위의 목소리이기도 하다. 진정으로 객관적인(objective) 지식은 학생들과 시가, 시의 목소리가 학생의 반응에 '반대할'(object) 수도 있는 방식으로 서로에게 말할 때 생겨난다. 시를 이해하는 것이 우리의 임무일진대, 교실에서 가장 객관적인 목소리는 시 자체에 있다. 우리는 다양한 학생들이 그 시가 자신에게 하는 말에 대해 보고할 때 부분적으로 그 목소리를 들을 수 있기는 하다. 그러나 진리에 대한 순종을 실천하려는 우리의 궁극적인 목적은 그 시로 하여금 그 자체의 독자적인 온전함, 그 자체의 인격성으로부터 말하도록 하는 것이다. 캐럴 블리(Carol Bly)는 모차르트의 음악에 대해 가르치는 일에 관해 다음과 같이 말한다.

> 기억하라. 지금 우리는 당신에 대해 말하고 있는 것이 아니다. 우리는 **다른** 누군가—오래 전에 죽은 한 음악가—에 대해 말하고 있는 것이다. 그리고 그는 우리에게 무언가를 요구하고 있으며, 우리는 그 요구에 따라야 한다.[6]

역설적이게도 우리가 타자의 목소리에 순종으로 귀기울이면, 우리 자신의 목소리가 더욱 분명해지고 더욱 정직해진다. 우리는 타자를 통해 우리 자신에 대해 더 많은 것을 배운다. 왜냐하면 우리는 우주에서 가장 객관적인 실재―우리 자신의 진리와 관계는 있지만 우리 자신의 진리로 축소될 수는 없는 진리를 가진 한 인격의 소리, 우리가 알 뿐 아니라 또한 우리를 아는 목소리-의 도전을 받기 때문이다.

우리는 학생들로 하여금, 강의와 토의뿐 아니라 개인적인 연구에서도 그 '제3자'-주제-와 관계를 맺도록 도울 수 있다. 지난 장에서 나는 '렉티오 디비나' 즉 거룩한 독서라는 수도원 관행에 대해 말한 바 있다. 짧은 텍스트를 천천히 묵상하면서 읽는 그 독서의 목적은, 배움을 위한 공간을 창조하는 것일 뿐만 아니라 읽는 이로 하여금 그 말씀 배후에 있는 인격과 순종하는 대화속으로 들어가게 하는 것이기도 하다. 우리 시대의 수사 토머스 키팅(Thomas Keating)은 그 과정을 이렇게 묘사한다.

> 기독교의 중심은 도덕적 가르침이 아니라 한 인격이다.…성경은, 우리를 이 인격에 대한 지식과 사랑 속으로 점진적으로 인도해 들이는 표준적 방법이다. 이 과정에는 우리가 다른 사람과 사귈 때와 같은 종류의 역동성이 따른다. 당신은 그와 함께 시간을 보내고 함께 이야기하고 서로의 말을 들어 주고 서로를 알아 가야 한다. 처음에는 함께 있을 때 다소 불편하고 어색하지만 점차 친해질수록, 특히 서로의 좋은 점에 이끌릴수록 대화에 쓰이는 시간은 점차 줄어들기 시작한다. 당신은 그저 상대와 함께 있다는 데서 행복감을 느끼며 편안하게 쉬게 된다.
>
> 사람들 사이의 우정에서 일어나는 이 과정은 '렉티오 디비나'에

도 적용된다. 어떤 의미에서 '렉티오 디비나'는 특별한 방법이 없는 명상법이다. 그것은 특별한 기술이 아니라, 자연스러운 우정의 발전에 달려 있기 때문이다.…그것은 인격적 사귐이다.[7]

독서에 대한 이와 동일한 접근법, 즉 타자와의 대화를 향한 이러한 추구는, 하시디즘(Hasidism: 18세기 폴란드에서 일어난 유대교의 한 분파로서 신비적 경향이 강하다-편집자 주) 유대인들이 토라와 탈무드를 읽는 법을 배우는 방식을 묘사한 아브라함 조슈아 헤셸의 글에서도 발견된다.

바알 쉠(Baal Shem)의 가르침에 따르면, 토라 연구는 하나님의 현존 속으로 들어가기 위한 방법이다. 토라를 배우는 사람은 마치 아버지로부터 편지를 받는 아들과 같은 기분을 느낄 것이며, 간절한 열망을 갖고서 아버지가 하시는 말씀을 듣고자 한다. 마치 아버지가 늘 그의 옆에 있는 것처럼, 그 편지는 매번 읽을 때마다 그에게 소중한 것으로 다가온다.

사람은 책보다는 사람들로부터 더 많은 것을 배울 수 있어야 한다는 확신을 가졌던 바알 쉠은, 탈무드 연구에 인격적 차원을 불어넣고자 노력했다. 탈무드는 대개 이름이 밝혀진 현자들의 말로 구성되어 있다. 바알 쉠은 학생들에게 그 현자들의 사상을 이해할 뿐 아니라 또한 그들과 교제를 갖도록 촉구하였다. 즉 "아바예(Abbaye)가 말하기를" 혹은 "라바(Rava)가 말하기를"에 대해서 배울 때, (단순히 그들의 말을 이해할 뿐 아니라) 아바예와 라바를 볼 수 있어야 한다고 가르쳤다. 단순히 그들의 사상을 깨달을 뿐 아니라 그들과 함께 살아야 하며 그들의 마음과 영혼 속으로 들어가야 한다고 가르쳤던 것이다.[8]

학생들은 현자나 마음에 맞는 사람들하고만 대화를 나누어서는 안 된다. 원수와의 대화에도 마찬가지의 가치가 있기 때문이다. 우리는 아돌프 히틀러의 말을 이와 같은 명상적인 방식으로 읽을 때, 악과의 관계로 들어간다. 그렇게 할 때, 우리는 악은 단순히 '저쪽 바깥', 즉 타자들이나 비인격적 사건들 속에 있는 것이 아니라는 것을 배운다. 우리는 우리 자신의 영혼 속에도 존재하는 악의 잠재력을 느끼며, 타자 속에 있는 악에 저항함으로써 우리 속에 있는 악에 저항하는 법도 배울 수 있게 된다.

이런 형태의 독서와 그 열매를 학생들이 더 가깝게 느끼도록 해줄 수 있는 한 가지 방법은, 그들의 내적 대화를 종이에 적도록 하는 것이다. 학생들에게 플라톤이나 소크라테스의 대화 같은 종류의 대화문을 작성하게끔 하는 것이다. 자신의 내적 대화를 글로 써 본 경험이 없는 사람들은 그것이 진정한 대화가 아니라 기록자의 독백에 지나지 않는다고 의심한다. 그러나 실제 그 방법을 실행에 옮겨 보면 우리는 놀라운 결과를 경험하기 시작한다. 우리는 타자가 우리에게, 전혀 기대하지 않았고 듣고 싶어하지도 않았던 말을 하는 것을 발견한다. 우리는 타자가 우리가 전혀 기대하지 않았고 원치도 않았던 방식으로 우리에게 도전해 오는 것을 발견한다. 우리가 자신의 내적 대화를 바깥으로 끄집어내어 자신과 다른 이들이 볼 수 있도록 공개할 때, 놀라울 정도의 객관성이 생겨난다. 이번에도 우리는 자신이 드러나고 알려지는 경험을 하는 것이다.

진리에 대한 순종을 실천하는 이런 형태의 교수와 학습에는 암기를 위한 자리도 있다. '기억한다'(remember)는 것은 말 그대로 보면 '몸을 다시 합체시킨다'(re-member), 진리의 공동체로부터 분리되었던 부분들을 다시 하나로 만든다, 전체를 재결합시킨다는 의미다. 're-member'의 반대는 '망각하다'(forget)가 아니라, 'dis-member'(절연하다)이다. 진리를 망각하면 바로 절연이 일어난다. 즉, 우리와 나머지 실재의 관계 그리고 진리의 공동체에 참여하는 데 필요한 지식과 우리의 관계가 단절된다. 암기는 우리로 하여금 시공간적으로 멀리 있는 다른 존재들과의 대화로 들어가게 해준다. 우리의 암기가 깊어지고 넓어질수록, 우리가 맺는 직접적인 관계들의 그물망은 더욱 풍성해지고 복합적이 된다. 우리는 암기를 통해, 제3자들을 현재의 대화로 끌어들이고 시공간적으로 멀리 있는 목소리들도 불러내어 그들의 이야기를 할 수 있도록 한다. 학생들에게 기억하도록 가르침으로써, 또 그 기억한 바들을 교실 내의 대화로 초청함으로써, 우리는 그 제3자의 현존을 회복하고, 진리에 대한 순종을 실천하는 또 다른 길을 발견한다.

가르침과 우정

교실에서 진리에 대한 순종을 실천하는 일, 교사와 학생과 주제 사이에 서로 응답적인 듣기를 실천하는 일은, 최종적으로는 기술의 문제가 아니다. 궁극적으로 그것은 당면 주제와 살아 있는 관계를 맺고 있는 교사에게, 학생들을 동등한 동반자로 여기고 그 관계로 초대할 줄 아는 교사에게 달려 있다. 주제와 풍성한 우정 관계를 맺고 있으며, 학생들도 그 우정의 유익을 얻기를 바라는 교사가 베푸는 환대, 이것이 바로 이와 같은 가르침에 필요한 가장 넓은 의미의 환대다.

종종 학생들은, 비록 가르치는 기술 면에서는 능통하지 못하더라도 가르치는 주제에 대해 열정을 갖고 있는 교사를 가장 좋아한다고 말한다. 이는 단순히 열정이 전염되는 것 이상의 문제다. 그러한 교사들은 그 주제와 자신이 맺고 있는 우정 관계를 보여 줌으로써, 학생들이 그 낯선 존재—주제—를 만나는 일에 대해 갖고 있는 두려움을 없애 준다. 학생들은 교사가 그 주제와 견실한 우정을 맺고 있으며, 그 소중한 친구를 자신에게 소개하여 서로 알도록 해준다는 데서 격려를 받는다.

우정의 은유는 우리에게 이런 종류의 가르침에 필요한 몇 가지를 알려 준다. 먼저 교사는, 자신이 잘 알고 있는 주제를 마치 자기 친구를 소개하듯이 학생들에게 소개해야 한다. 학생들은 왜 교사가 그 주제를 소중하게 생각하는지, 그 주제가 어떻게 그의 삶을 변화시켰는지를 알아야 한다. 또한 교사는 학생들을 잠재적 친구들로서 소중히 여겨야 한다. 그리고 학생들을 변화의 대상으로만 여길 것이 아니라, 학생들에 의해 자신과 주제의 관계가 변화될 수도 있을 만큼 자신을 열어야 한다. 내가 서로를 소중히 여기는 두 사람 사이의 우정에 초청을 받았다고 할 때, 나 또한 그들에게 소중히 여겨지고 있다는 느낌을 받지 못하는 한, 나는 그 우정에 참여하려 하지 않을 것이다.

우정의 은유가 교실은 언제나 즐겁고 편한 곳이어야 한다는 것을 뜻하지는 않는다. 오히려 우정의 진정한 시금석은 갈등을 견딜 수 있는 능력, 긴장을 관계의 창조적인 부분으로 받아들일 줄 아는 역량이다. 사실 우정은 다름 아닌 긴장과 갈등을 통해 우리를 변화시키곤 한다. 자신이 가르치는 주제를 사랑하는 교사는 그 사랑을 학생들에게 강요하려 하지 말아야 한다. 교사는 마치 연인처럼 그 주제와 사랑싸움을 할 줄 알아야 한다. 그래서 사랑하는 상대 및 그 관계를 긴장시키기도 하고 시험하기도 해야 한다. 그렇게 할 때 학생들은, 우정과 환대라는 안전한 환경에서 긍정뿐 아니라 부정으로도, 동의뿐 아니라 논쟁으로도 초대받게 된다.

그러나 우정이라는 은유는 모든 가르침에 공통되는 문제에 대한 경각심을 일깨워 주기도 한다. 가르치는 주제에 대한 교사의 소유적인 사랑으로 인해, 학생들이 그 관계 속으로 들어가지 못하게 될 수도 있다. 교사가 주제에 대해, 그것과 자신이 맺고 있는 관계에 대해 너무 방어적인 태도를 보이는 바람에, 학생들은 주제를 교사의 방식대로만 받아들이도록 강요받고, 주제를 평가하거나 그것과 나름의 관계를 발전시키는 일에서 구속과 금지를 당할 수 있다. 여기서 교사의 열정은 초대가 아니라 강요다. 여기서 진리는 진리의 공동체가 요구하는 광범위한 관계 그물망 속에 있는 것이 아니라, 그 주제에 대한 교사 개인의 관계 속에 있는 것으로 잘못 이해된다.

물론 이러한 문제는 우리가 우리의 사랑에 대해, 상대와 우리가 맺고 있는 관계에 대해 두려움과 불안을 느낄 때 발생한다. 우리는 그러한 유대가 도전받거나 위협받는 것을 원하지 않는다. 그래서 누구라도 우리가 사랑하는 대상을 싫어하거나 우리보다 그것을 더 많이 사랑하여 가져가고자 하는 사람이 있으면 그에게 분노한다. 이런 문제로 인해 구속을 당하고 있는 교실이 적지 않다. 교사가 자신이 가르치는 주제에 대해 너무 소유적인 태도를 보이는 바람에, 학생들은 그들 나름의 방식대로 그것과 관계를 맺을 기회를 얻지 못한다. 학생들이 그러한 교사를 추종하고 그가 요구하는 대로 공부하고 그가 원하는 대로 말할 수는 있다. 그러나 그러한 교사 밑에서는, 학생들은 진리에 대한 순종을 실천할 수 없으며, 주제 및 그 세계와 언약의 인격적 유대를 맺는 법을 배울 수 없다.

문제는 교사에게 있다. 문제는 교사의 불안과 두려움에 뿌리를 두고 있다. 그것은 오직 교사가 자신의 영성 형성에 관심을 가질 때 비로소 해결될 수 있는, 이런 방식의 가르침이 가진 여러 문제들 중 하나다. "가르침이란 진리에 대한 순종이 실천되는 공간을 창조하는 일이다." 그러나 다른 이들을 그런 식으로 가르칠 수 있으려면, 우리는 먼저 자신의 내면에 진리를 위한 공간을 열어 놓아야 한다.

7 ● 가르치는 이의 영성 형성

내적 변화

몇몇 형제들이 아바 펠릭스를 찾아가서 말씀을 해 달라고 간청했다. 그러나 노인은 침묵을 지킬 뿐이었다. 그들이 오랫 동안 간청을 하자 그는 그들에게 말했다. "말씀을 듣고자 하는가?" 그들은 대답했다. "아바시여, 그렇습니다." 그러자 노인은 말했다. "그러나 오늘날에는 더 이상 말씀이 없다네. 사람들이 노인들을 찾아가 말씀을 청하고 또 자신이 들은 말을 실천하던 때에는, 하나님은 노인들에게 할 말씀들을 주셨지. 그러나 요즘 사람들은 말씀을 청하고서도 들은 것을 행하지 않기에, 하나님은 노인들로부터 말씀의 은총을 거두어들이셨네. 그래서 이제 그들은 아무런 말씀을 갖지 못하게 되었지. 더 이상 그들의 말을 실천하는 사람들이 없기 때문이라네." 이 말을 듣자 형제들은 탄식하며 말했다. "아바시여, 우리를 위해 기도해 주소서."[1]

이 책을 한 글자 한 글자 써 가는 동안 나는 아바 펠릭스가 내 뒤에 서서 어깨 너머로 지켜보고 있는 것 같은 느낌이 들었다. 그의 말없는 현존은 그리 반가운 것은 못 되었다. 그의 현존은 말만 가지고는 충분치 못하다는 것, 아무리 옳은 가르침이라도 순종으로 따르지 않는 한 진정한 가르침이 못 된다는 것을 끊임없이 상기시켜 주었기 때문이다. 또한 그의 현존은 나 역시 내가 말하는 길에서 벗어날 때가 많음을 상기시켜 주는 말없는 꾸중이기도 했다. 나는 아바 펠릭스가 침묵을 깨고 내게 "오늘날에는 더 이상 말씀이 없다네"라고 말하며, 나로 하여금 그만 입을 다물도록 만들지는 않을까 늘 염려되었다.

그러나 나는 3장에서 내가 했던 충고를 스스로에게 상기시켰다. 들은 말의 인도를 따르지 않으면 말들이 떠나 버린다고 말한 뒤, 나는 이렇게 말했었다. "그러나 우리가 받은 진리에 따라 사는 경우가 거의 없다고 해서 진리를 말하기를 그만두어야 하는 것은 아니다. 그 대신, 우리는 우리의 진리 전체에 순종해야 한다. 자신이 진리대로 사는 데 번번이 실패하고 있다는 진실도 포함해서 말이다. 만일 우리가 우리 자신에 대해, 또 서로에 대해 그렇게 할 수만 있다면, 진리의 말들은 계속해서 주어질 것이고 우리는 그 말들을 더 온전히 삶으로 실천할 수 있는 능력도 얻게 될 것이다."

그래서 나는 고백하려고 한다. 어쩌면 이 고백은 아바 펠릭스의 영혼을 누그러뜨려 줄지 모르겠다. 이 책에서 묘사된 방식대로 인식하고 가르치고 존재하기란 실상 지극히 어렵고 벅차다. 그것이 온전함으로 가는 길임을 확신하면서도 나 역시 삶과 일에서 그것을 따르지 못하는 경우가 자주 있다. 나는 상호성과 언약을 갈망하면서도, 나의 내부와 외부에 있는 세력들, 나로 하여금 삶을 객관화시키고 조작하도록 만드는 세력들에게 번번이 패배당한다. 아바 펠릭스처럼 나는 그러한 세력들을 거부하는 법을 배워야 한다. 진리에 대한 순종을 실천할 수 있는 역량을 길러주는 영성 형성 훈련을 통해서 말이다.

대부분의 교사는, 인격적이고 공동체적인 교수와 학습을 좌절시키는 외부 세력들에 대해 잘 알고 있다. 불평거리를 찾자면 끝도 없다. 학교에서 이미 공동체는 허물어졌고 경쟁이 규범이 되었다. 대부분의 학문 영역에서 객관주의가 가히 절대적인 인식론으로 군림하고 있다. 학교들과 학생들은, 그들을 변화시키는 진리에 자신을 열기 위해서가 아니라 오히려 도전과 변화를 피하기 위해 잘 조직되어 있다. 교육은, 이익과 힘을 얻기 위해 자연과 사회와 인간의 마음까지 지배하고 조작하려 하는 경제 제도의 노예로 전락했다. 그러므로 진리에 대한 순종이 실천되는 공간을 창조하려는 교사들은 수많은 외부의 적과 싸움을 벌이지 않을 수 없는 형편이다.

이러한 상황을 놓고 보면, 제도를 변화시키기 위한 전략을 세우고 싶은 유혹이 생긴다. 그러한 전략도 도움이 될 수 있기는 하다. 그러나 그 전에 먼저 우리는 우리 자신을 내적으로 변화시켜야 한다. 왜냐하면 우리가 가진 문제들에 대해 제도를 탓하는 성향 자체가 이미 객관주의의 증상이기 때문이다. 제도란 인간의 마음에서 일어나고 있는 일이 밖으로 투사된 것이다. 교육이 처한 딜레마의 내적 원천을 무시하는 것은 그 문제를 객관화시키는 것에 불과하다. 그러면 문제는 더욱 가중될 뿐이다.

이 책이 제시하고 있는 진리관에 따르면, 실재는 단순히 우리와 동떨어져 '저쪽 바깥'에 있는 것이 아니다. 교육 제도의 실재도 마찬가지다. 실재는 '여기 안쪽'에도 있으며 따라서 우리 사이에 있다. 우리와 나머지 세계가 합작하여 삶의 조건들을 만들어 가는 것이다. 그러므로 가르침의 변화는 교사의 마음의 변화에서부터 시작되어야 한다. 오직 진리에 의해 탐구되고 변화된 마음만이 새로운 교수 기술과 제도적 변화를 위한 전략의 견실한 기반이 될 수 있다. 오직 그러한 마음에서만, 교사들은 제도적 변화를 위해 일하고 기다리며 학문적 삶의 조건들에 저항할 수 있는 용기를 발견하게 된다.

지금 우리의 마음은 힘에 대한 욕망, 상호 책임적인 관계에 대한 두려움, 고립된 삶을 지향하는 자기 파괴적인 성향에 의해 왜곡되어 있다. 따라서 우리의 가르침과, 세계를 인식하는 방식을 재형성시키고자 한다면 우리는 태초에 우리의 마음을 형성시켰던 그 사랑과 진리로 하여금 우리의 마음을 알도록 해야 한다. 우리는 사랑과 진리가 우리의 마음을 재형성시키도록 하는 훈련을 실천해야 한다. 그럴 때에야 학생들과 학교 그리고 세계를 재형성시키는 가르침을 위한 힘을 부여받을 수 있다.

영적 덕목들

나는 영성 형성을 위한 실제적인 훈련에 대해 살펴보기에 앞서, 먼저 영성 훈련의 몇 가지 열매에 대해 서술하고자 한다. 그것은 바로 겸손과 믿음, 우상 숭배가 아닌 숭상, 사랑, 은혜에 대한 개방성 등인데,[2] 나는 이러한 고전적인 영적 덕목들이 인식론적 덕목들이기도 하다는 것을 보여 주고자 한다. 우리 안에 그 덕목들이 존재하는 정도는, 진리 안에서 인식 주체와 대상이 될 수 있는 우리의 역량과 관계가 있다. 우리는 아바 펠릭스에게서 그 덕목들을 볼 수 있는데, 영성 훈련을 통해 길러진 그 덕목들은 그를 하나님의 사람으로 만들어 줄 뿐 아니라 위대한 교사로 만들어 준다.

겸손은 '타자'에게 주목하게 하는 덕목으로서, 학생이든 주제든 타자의 정체성과 목소리는 진리 안에서 알고 가르치는 일에서 대단히 중요하다. 겸손의 반대는 교만 죄로서, 체스터턴(G. K. Chesterton)은 그것을 "우주에 비해 자신을 터무니없이 크게 생각하는 것"이라고 정의한 바 있다. 칼 도이취(Karl Deutsch)에 따르면, 겸손이란 "자기 바깥의 사실과 메시지에 대한 태도로서…비판 및 경험에 대한 개방성이며…타자들의 필요와 욕구에 대한 민감성과 반응성이다."[3]

아바 펠릭스는 겸손을 통해, 학생들과 진리에게 말할 수 있는 공간을 만들어 주었다. 만일 교만한 교사였다면, 그는 '말씀'을 해 달라는 학생들의 간청에 성급히 자신의 권위 있는 말로 대답했을 것이다. 그 잘못된 요청을 열린 공간에 세워 두어 그것의 참 모습이 드러나도록 하지는 않았을 것이다. 교사가 즉각적인 대답을 자제함으로써 먼저 질문의 소리가 진정으로 들릴 수 있도록 하는 침묵을 창조하고 지속시키기 위해서는, 겸손함이 필요하다. 겸손함이 부족한 교사는 자기 아닌 다른 이들의 목소리를 위한 공간을 결코 창조할 수 없다.

겸손은 타자가 말할 수 있는 공간을 창조할 뿐 아니라, 우리로 하여금 그 타자에게 순종하게 만든다. 아바 펠릭스는 자신이 창조했던 침묵 속에서 순종을 실천하려 노력했다. 그는 학생들의 요청 배후에 있는 실재에 귀를 기울였으며, 거기에 어떻게 충실하게 응답할 것인가를 생각했다. 순종이 진리의 공동체에 대한 상호 복종을 의미할진대, '우주에 비해 자신을 터무니없이 크게 생각하는' 사람은 결코 그것을 실천할 수 없다. 만일 아바 펠릭스가 교만했다면, 그는 결코 자신에 대한 학생들의 힘, 자신에게서 진리의 말을 사라지게 만들 수 있는 그들의 힘을 인정하려 하지 않았을 것이다. 그는 그들이 원하는 지혜의 말을 들려주었을 것이다. 책임성으로 부름받아야 할 그들의 필요가 아니라, 자율과 지배에 대한 자신의 필요만을 만족시켜 줄 뿐인 말을 말이다. 교만한 교사는 자신의 오만한 자아상에 학생들을 종속시키려 한다. 이것이 확대된 것이 바로 객관화를 통해 우주를 노예로 만들려고 하는 과학주의의 교만이다. 우리는 겸손을 통해 자신이 관계 속에서 인식하고 인식되기를 허락하며, 그런 허락을 통해 학생들을 진리의 공동체로 이끌어들인다.

그러나 겸손 하나만 있다면 불균형을 초래할 수도 있다. 자신의 목소리가 아닌 타자들의 목소리에만 열려 있는 교사, 주지는 않고 받기만 하며 말하지는 않고 듣기만 하여 공동체에 대한 자신의 의무를 태만히 하는 교사들을 만들어 낼 수 있다. 영적인 삶이란 역설들의 균형 속에서 사는 삶으로서, 우리로 하여금 타자들의 진리를 들을 수 있도록 하는 겸손은 우리 자신의 진리를 말할 수 있도록 힘을 부여해 주는 믿음과 창조적인 균형을 이루어야 한다.

아바 펠릭스에게는 이런 믿음이 있었다. 그렇지 않았다면, 그는 학생들을 환상에서 깨우고 겸손하게 만드는 말을 할 수 없었을 것이다. 칼 도이취의 말에 따르면 "믿음이란 우리 자신의 판단에 대한 확신을 의미한다…."[4] 아바 펠릭스는 자신의 판단에 대한 용기를 갖고 있었다. 그는 학생들과 교사들 사이의 언약이 깨어졌음을 알았기에, 학생들은 듣고자 했지만 그들을 진리라 불리는 관계로부터 더욱 멀어지게 만들 뿐인 거짓된 위안의 말을 하기를 거절했다.

칼 도이취에 따르면 이 둘—겸손과 믿음—은, "완벽한 교수 모델을 제공하지는 않으나 두 가지 경계 조건을 지적함으로써 우리로 하여금 그 둘 사이에서 실행 가능한 모형을 탐색할 수 있도록 해준다."[5] 이 둘 사이의 긴장은 우리로 하여금 들을 때와 말할 때, 받아들일 때와 거절할 때, 공동체적 요구를 따를 때와 공동체적 요구가 따라오도록 만들 때를 분별할 수 있도록 돕는다. 이러한 균형을 보장해 주는 공식이나 기술 같은 것은 없다. 그 균형은 오직 영성 훈련을 통해 다른 이들에게 겸손해진, 그러나 동시에 자신에게 충실한 마음속에서만 추구될 수 있고 또 발견될 수 있다.

영적인 삶의 역설적 균형은 '우상 숭배가 아닌 숭상'(reverence without idolatry)이라는 덕목을 통해서도 드러난다. 도이취는 "숭상이란 큰 것보다 작은 것을, 큰 맥락보다 작은 맥락을 더 중요시하기를 거부한다는 뜻이다"라고 말한다.[6] 아바 펠릭스는 마땅히 숭상해야 할 대상을 숭상한 교사였다. 그는 작은 제자 집단에 궁극적인 중요성을 부여하지 않았으며, 그들 가운데 벌어지고 있는 일은 더 큰 실재와 관련되어 있다는 사실을 부인하지 않았다. 그는 더 큰 언약 공동체와 그것의 궁극적 원천을 숭상했다. 그는 학생들에게 어떻게 그들의 불순종이 공동체를 그것의 원천으로부터 단절시킴으로써 파괴시켰는지 보여 주었다. "…하나님은…말씀의 은총을 거두어들이셨네." 사막 교부들은 그들과 학생들의 관계는 그들이 가르치고자 했던 더 큰 진리, 즉 궁극적 실재에 대한 관계성과 순종이라는 진리의 축소판이라는 것을 알고 있었다. 그들은 작은 맥락보나 큰 맥락을 더 숭상했다.

숭상으로의 부름은 우상 숭배 금지 명령과 언제나 긴장 관계에 있다. 우상 숭배 금지 명령은 우리가 지금 숭상하고 있는 대상에 대해 끊임없이 의문을 제기한다. 칼 도이취의 지적에 따르면 우상 숭배란 무한한 것보다 친숙한 것을, 보편적인 것보다 국지적인 것을 선호하여, 후자를 마치 절대적인 것인 양 대하는 행위를 뜻한다.[7] 우리가 어떤 우상을 숭배하고 있는지를 알아내는 일이 쉬울 때도 있다. 자신의 자아나 성공이나 국가를 숭배할 때처럼 말이다. 그러나 미묘한 형태의 우상 숭배가 있는데, 이는 그 미묘함으로 인해 더욱 위험하다. 만일 우리가 자연과 인류의 공동체는 숭상하면서 그것의 초월적 원천은 숭상하지 않는다면, 겉으로는 아무리 경건해 보여도 사실 우리는 우상 숭배를 하고 있는 것이다. 또 우리가 그 초월적 원천 자체를 숭상하는 것이 아니라, 그것에 대한 우리의 개념에 집착할 때도 마찬가지다.

아바 펠릭스가 말하기를 꺼렸던 것은 분명 우상 숭배에 대한 염려 때문이었다. 우상 숭배를 하지 않는 삶이란 말에 매이지 않는 삶, 소위 '유일한 진리'라는 딱딱한 개념이 아니라 관계적 진리의 역동성에 자신을 바치는 삶이다. 우상 숭배를 금지하는 명령은, 언어가 만들어 내는 고정적이고 유한한 숭상을 넘어 진리의 공동체에 대한 살아 있는 경험으로 우리를 부른다. 우리의 숭상이 우상 숭배 금지 명령을 통해 끊임없이 시험받을 때, 비로소 우리는 진리에 대한 순종을 실천하는 도전적인 역동성을 지속시킬 수 있다. 즉, 이러한 긴장 가운데 있을 때 비로소 우리는 진리의 변화시키는 힘에 자신을 열 수 있게 된다. 교실에서 진리에 대한 순종을 실천하기 원하는 교사는 자아나 학생들이나 주제의 말을 궁극적으로 숭상해서는 안 된다. 대신 교사는, 우리를 공동체 안에서 만들었고 우리 모두를 순종의 삶으로 끊임없이 다시 부르는, 사랑이 깃든 원천으로부터 오는 살아 있는 말씀만을 숭상해야 한다.

겸손과 믿음, 우상 숭배 아닌 숭상 등 우리로 하여금 진리를 가르칠 수 있게 하는 역설적인 자질들은, 도이취의 말에 따르면 "'네 이웃을 네 몸과 같이 사랑하라'는 계명 속에 정확하게 표현되어 있다. 또한 그 계명은 사랑과 반대되는 두 상극이 무엇인지를 보여 준다. 그것은 자기 비하와 자기 우상화다."[8] 아바 펠릭스는 사랑으로 충만한 사람이었다. 그에게는 자신의 진리를 말할 수 있도록 힘을 주는, 자신을 향한 사랑이 있었고 또한 학생들에게 그들이 듣고 싶어하지 않지만 들을 필요가 있는 진리를 용기 있게 말할 수 있는, 그들을 향한 사랑이 있었다. '사랑'이라는 단어를 도입한다고 해서 역설이 해소되거나 긴장이 제거되는 것은 아니다. 그러나 사랑은 우리로 하여금 위대한 가르침이 발원하는 원천, 진리에 대한 순종을 실천하는 일의 긴장을 견뎌내는 중심을 향하게 한다.

어떻게 우리는 그 사랑과 접촉하고, 그 사랑으로 하여금 우리와 접촉하게 하는가? 아마도 역설과 긴장 안에서 신실하게 살아가는 것이 그 방법이 될 것이다. 즉, 한쪽 극단을 취함으로써 역설과 긴장을 해소시키려 하지 않고 그것들로 하여금 모든 상극이 화해되는 초월적 사랑을 향해 우리 자신을 열게 함으로써 말이다. 그것이 바로 E. F. 슈마허의 제안인데, 그의 말은 고무적일 뿐 아니라 우리의 실제 삶과 전적으로 부합한다.

> …우리는 삶 전체에 걸쳐, 논리적 사고로는 화해될 수 없는 두 극을 화해시키는 임무에 직면해 있다. 우리 삶의 전형적인 문제들은 우리의 통상적 존재 차원에서는 해결될 수 없다. 가령, 교육에서 어떻게 우리는 자유와 훈련이라는 상반되는 두 가지 요구를 화해시킬 수 있는가? 사실 수많은 어머니들과 교사들이 그 둘을 화해시키며 살고 있지만, 그 해결책을 글로 표현할 수 있는 사람은 아무도 없다. 그들은 그 두 극을 초월하는 더 높은 차원의 힘, 즉 사랑의 힘을 그 상황 속으로 끌어들임으로써 그렇게 하고 있는 것이다.…상반되는 문제들은, 말하자면 우리를 우리 너머의 차원으로 끌어당긴다. 즉 그것들은 더 높은 차원으로부터의 힘을 요구하고 그 힘의 공급을 야기하며, 그럼으로써 우리 삶 속으로 사랑과 아름다움과 선과 진리를 가져온다. 오직 이러한 더 높은 차원의 힘들의 도움을 통해서만 두 극이 실제 삶에서 화해될 수 있다.[9]

우리가 상반되는 문제들로 하여금 사랑의 힘을 향해 우리 자신을 열도록 하지 않으면, 우리는 진리의 공동체의 창조적 긴장 속에 거할 수 없다. 우리는 한쪽 극단으로 치우침으로써—여러 목소리를 모두 대화에 참여시키기보다는 그것들 중 하나에게 우월한 지위를 부여함으로써—역설의 요구를 회피한다. 우리는 우리를 통찰하는 데 필요한 그 사랑을 향해 의지적인 노력을 기울일 수는 있으나, 점차 우리의 의지는 약해지고 노력하다가 지쳐서 결국 고정된 입장만 고집하며 진리의 복합성과의 언약을 깨뜨리고 만다. 왜냐하면 우리를 통찰할 수 있는 그 사랑은 우리의 의지적인 노력의 산물이 아니기 때문이다. 슈마허의 말처럼 그것은 우리 너머의 차원으로부터 온다. 도이취의 말에 따르면, 그것은 '은혜'의 선물이다.[10] 아바 펠릭스는 진리의 긴장을 회피하지 않음으로써, 단순한 호기심에서 질문을 했던 학생들을 은혜의 필요성에 대한 절실한 깨달음으로 인도했다. "…형제들은 탄식하며 말했다. '아바시여, 우리를 위해 기도해 주소서.'"

단순한 호기심이 지식욕의 원천일 때, 우리는 진리로부터 멀어진다. 호기심은 진리로 하여금 우리를 지배하도록 하기보다는, 오히려 우리가 진리를 통제하고 지배하려는 욕구의 증상이기 때문이다. 그러나 은혜를 구하는 기도를 할 때, 우리는 우리가 통제할 수 없는 진리에 의해 침범당하는 모험을 감수하는 것이다. 칼 도이취에 따르면, 은혜라는 개념은 호기심과 '본질적인' 차이가 있다. "우리는 은혜의 관점에서, 외부에서 기원하는 정보나 사건을 우리의 자발적 결정에서 비롯하는 가장 깊은 문제들에 대한 해답으로 여긴다."[11] 이와 같이 은혜를 향해 자신을 여는 것이야말로 모든 지식의 발전에서 지극히 중대한 것이었다. 흔히 '우연한 깨달음' 혹은 '번뜩이는 통찰' 등 여러 다른 이름으로도 불리지만 사실상 그것은 바로 은혜다. 우리의 선입견을 뚫고 들어와 진리로 하여금 우리에게 말할 수 있게 해주는 은혜다.

물론 영적 개념으로서의 은혜는 단순한 '정보'나 '사건'을 넘어, 이 책에서 말하는 방식의 앎과 가르침의 중심부에 놓여 있는 관계적 신비의 영역까지 나아간다. 우리는 영적 은혜를 받을 때, 우리가 추구의 주체일 뿐 아니라 그 대상이기도 하다는 것, 앎의 주체일 뿐 아니라 그 대상이기도 하다는 것, 사랑의 주체일 뿐 아니라 그 대상이기도 하다는 것을 깨닫게 된다. 사실, 우리가 추구하고 인식하고 사랑할 수 있는 이유는, 바로 은혜가 우리를 추구하고 인식하고 사랑하고 있기 때문이다. 영성 훈련들이 추구하는 최종적인 목표는, 바로 이러한 더 큰 은혜, 늘 사랑의 중심부로부터 우리를 향해 찾아오는 그 은혜를 받아들일 수 있는 역량을 키우는 데 있다. 이 은혜는 선물이다. 우리는 그것을 조작하거나 마음대로 차지할 수 없으며, 다만 그것을 위해 기도할 수 있을 뿐이다.

내가 지금까지 살펴본 영적 덕목들―앎과 가르침의 덕목들―은 오늘날 대부분의 교수들에게는 낯선 것이다. 그러나 'professor'(교수)라는 단어의 본래적 진정한 의미는 '믿음을 고백하는(profess) 사람'이다. 진정한 교수는 사실과 이론과 기술을 통제하는 사람이 아니다. 진정한 교수는 진리의 초월적 중심―우리가 도달할 수 없는 곳에 있으나, 그것을 고백하는 사람들의 삶을 통해 역사 속에 들어오며 우리를 서로 및 세계와의 공동체로 인도하는 중심―을 긍정하는 사람이다. 만일 교수들이 진리에 대한 순종이 실천되는 공간을 창조하고자 한다면, 우리는 다시 '고백자'(professor)가 되어야 한다. 그렇게 하기 위해서는, 먼저 고백될 필요가 있는 깊은 인격적 체험이 있어야 한다.

학문의 훈련

칼 도이취가 은혜에 대해 한 말은 다른 모든 영적 덕목에도 적용된다. "그러한 자원들은 예측될 수 없다. 다만 그것에 대해 준비할 수 있을 뿐이다."[12] 겸손, 믿음, 우상 숭배가 아닌 숭상, 사랑, 은혜의 침투를 위해 우리를 준비시키는 것, 이것이 영성 훈련의 기능이다. 그렇다면 삶 속에서 이러한 선물을 받을 수 있도록 교사들을 열어 주는 실제적인 훈련에는 어떤 것이 있는가?

먼저 학문 세계에서 이미 행해지고 있는 몇 가지 방법에 대해 살펴보고자 한다. 그것들은 통상적으로는 '영성 훈련'으로 간주되지 않는다. 그러나 나는 그것들이 사실 우리에게 진리에 대한 순종을 실천할 수 있는 내적 공간을 준비시켜 주는 방법임을 보여 주고자 한다. 언뜻 보기와는 달리 사실 영성 훈련은 학문 세계에 그렇게 낯선 것이 아님을 보여 주려는 것이다.

한 가지 훈련으로서 자기 전공 외의 분야를 공부하는 간단한 방법이 있다. 위대한 교사들은 종종 관심 분야가 광범위해서 그것과 자신의 전문 분야를 관련지으며 가르칠 때가 많은데, 나는 그것이 우연이 아니라고 생각한다. 그들의 가르침에 있는 위대성은, 단순히 그들이 물리학을 가르치면서 음악과 관련된 예증을 들어 강의를 흥미롭게 만든다는 데 있지 않다. 물론 그것도 도움이 되긴 하지만 말이다. 더 중요한 것은, 이 교사들의 광범위한 관심사는 그들이 가르치는 전문 분야에 대한 그들의 접근에서도 넓은 공간을 창조한다는 점이다.

만일 교사가 전문 분야라는 안전한 울타리 내에만 안주하고 있으면, 그는 자칫 전문 지식(mastery)의 망상에서 벗어나지 못할 수 있다. 한 주제에 대해서만 정통하고 다른 주제들은 탐험해 보지 않는 교사는 친숙한 사실들만 반기다가 신선한 통찰에 대해서는 자신을 닫아 버릴 위험이 있다. 그러나 낯선 미지의 영역을 지속적으로 탐험하는 교사에게는, 겸손과 은혜에 대한 개방성이 자라난다. 계속해서 그 교사는 자신이 모든 것을 아는 것은 아니라는 사실을 상기하게 되며, 그 결과 나타나는 지성의 개방성은 학생들과 주제가 신선한 진리를 말할 수 있는 공간을 창조한다.

이와 유사한 훈련으로, 학부의 '공동 교과 과정'처럼 교수들이 전공 외 분야를 가르쳐야 하는 경우를 들 수 있다. 그 과정에서는 경제학자들도 시에 대해 답해야 하며, 시인들도 새로운 물리학 이론을 이해하고자 애써야 한다. 교수들은 전공 외 분야를 가르칠 때는 절대 권위자로서 강의할 수 없다. 이제 그들은 처음으로 듣는 어떤 주제의 목소리에, 또 그 주제에 대해 그들보다 더 많은 통찰을 갖고 있을 수 있는 학생들의 목소리에 주의 깊게 귀 기울이는 법을 배워야만 한다. 이러한 조건에서, 교사들은 가르치는 것과 배우는 것의 합의적 방법, 진리를 추구하는 것과 진리에 의해 추구되는 것의 합의적 방법을 배우지 않을 수 없다. 이러한 조건에서 영적 덕목들은 권장 사항일 뿐만 아니라 생존을 위한 필수 사항이 된다!

교사들은 다시 학생이 됨으로써, 전문 분야를 벗어나는 훈련을 심화시킬 수 있다. 그렇게 할 때, 그들의 지성은 다시 넓어지고 새로운 지식을 향한 내적 공간이 창조된다(이 공간이 없이는 다른 이들을 위한 배움의 공간을 창조할 수 없다). 그러나 교사가 다른 이의 교실에서 학생이 되어 본다는 것은 사실 이것을 훨씬 넘어서는 일이다. 그들은 바로 '자리 바꾸기'라 불리는 영성 훈련을 실천하고 있는 것이다. 즉, 그는 학생의 관점에서 세계를 볼 수밖에 없으며, 진리에 대한 순종을 실천할 수 있게 해주는 감정 이입에 의한 동일화의 역량을 심화시킬 수밖에 없다. 그로 인해 나타나는 결과는 새로운 지식을 얻는 것 이상이다. 그것은 공동체를 이루는 역량의 확장, 학생들을 인격으로 받아들이는 능력의 확장이다.

나는 교직에 있을 때 몇 번 다른 이의 학생이 되어 보았고, 그럴 때마다 그 경험은 나 자신의 교수법에 놀랄 만한 영향을 끼쳤다. 나는 교육이란 그저 인지 과정이나 사실과 논거의 전달에 불과한 것이 아님을 새삼 확인할 수 있었다. 교육은 전인(全人)을 포함하는, 따라서 깊은 감정도 포함하는 과정이다. 지금 내게 가장 잘 기억나는 감정은 좌절감과 그 뒤를 따랐던 지루함이다. 강의자가 무언가 모호한 말을 해 놓고는 질문을 위한 공간을 남기지 않았을 때, 교실에서 각 내용이 연결되지 않는 대화가 진행될 때, 혹은 나 자신을 포함하여 많은 이들이 말하기에 비해 듣기에 너무 미숙하다는 사실을 발견했을 때 좌절감이 찾아왔다. 그리고 좌절감이 표현될 수 있는 공간을 얻지 못했을 때, 그저 뒤로 물러나 무관심해질 수밖에 없었을 때 지루함이 찾아왔다.

이러한 경험을 통해 나는 사실뿐 아니라 감정을 위한 공간을 창조하는 일의 중요성, 사실과 감정이 모두 표현되고 응답될 수 있는 순종적 듣기의 분위기를 확립하는 일의 중요성을 깨달았다. 나는 학생이 되어 봄으로써 더 개방적이고 응답적인 교사로서 새로워질 수 있었다. 그러나 그러한 경험들이 희미해지면 나의 가르침은, 자기 중심적이고 주제 중심적일 뿐 학생들의 자아는 무시해 버렸던 옛날 방식으로 퇴보하곤 했다. '자리 바꾸기' 훈련은 지속적인 열매를 맺기 위해 정기적으로 실천되어야 한다.

'자리 바꾸기' 훈련은 또한 학술 연구에서도 실천될 수 있다. 한 예로, 미국의 인종 차별에 대해 연구했던 존 하워드 그리핀(John Howard Griffin)을 들 수 있다. 그는 객관적인 조사자로서 자료를 수집한 것이 아니라, 화학 약품으로 피부를 검게 태워 흑인이 되어 미국 남부를 돌며 연구를 했다. 그렇게 타자의 입장이 되어 본 경험으로부터, 흑백간의 관계에 대한 가장 치밀한 연구서 중의 하나인 「나 같은 흑인」(*Black Like Me*)이 나왔다.[13]

그리핀의 연구 방식은 대부분의 사람에게는 너무 급진적인 것일 수 있지만, 타자의 관점을 취함으로써 세계를 연구하는(research) 다른 방법들도 많다. 한 예로 여러 시간, 여러 날, 여러 주 동안 자신이 연구하는 주제들의 삶 속에 상상력을 통해, 더 나아가 때로는 문자 그대로 자신을 완전히 빠뜨림으로써 연구했던 자연 과학자 로렌 아이슬리를 들 수 있다. 그는 세계를, 오랜 시간에 걸쳐 진화하는 중인 동물들, 변천하고 있는 숲, 모양과 흐름이 바뀌고 있는 시내와 대양의 관점에서 보고자 했다. 그가 플레이트 강을 따라 저어 가면서 적은 수필은 강물 자체의 생명을 느끼게 해준다.[14] 아이슬리는 우리를 우리 주위와 안에 있는 자연과의 공동체로 인도해 주는 글들, 즉 우리를 언약인 진리로 인도해 주는 가르침의 방식을 유산으로 남겼다.

이렇게 어떤 '영성 훈련들'은 학문 세계의 기존 방법 중에서도 찾을 수 있다―우리가 그것들을 영성 훈련으로 인정하고 사용하기만 한다면 말이다. 가르침과 연구라는 핵심적 학문 활동은, 진리에 대한 순종을 실천할 수 있는 내적 공간을 열 수 있는 많은 기회를 제공한다―만일 우리가 '타자'의 관점에서 가르침과 연구를 하는 법을 배울 수만 있다면 말이다. 나는 항상 전공 분야 내에서만 가르치고 연구하려 할 뿐, 결코 바깥으로는 나가려 하지 않는가? 나는 항상 교사가 되려고만 할 뿐 학생이 되어 보지는 않는가? 나는 주제를 항상 그 내부로부터가 아니라 외부로부터만 연구하고 있는가? 만일 그렇다면, 그 내적 공간은 닫힐 것이며 순종하는 관계에 대한 역량도 줄어들 것이다. 그러나 만일 나의 주제와 역할에서 가볍게나마 벗어나 볼 수 있다면, 나는 한층 더 깊이 진리의 공동체로 들어갈 수 있게 된다.

침묵 속에서

앞서 살펴본 훈련들은 주로 우리의 지성을 새로운 관점, 새로운 자료, 새로운 해석을 향해 열어 주는 방법이다. 그러나 이 책에서 설명한 종류의 앎과 가르침을 위해서는 그보다 더 깊은 훈련, 더 깊은 개방성이 필요하다. 따라서 이제 나는 지성뿐 아니라 우리의 기능 전체, 자아 전체를 관계성의 신비로 이끌어 주는 전통적인 영성 훈련 몇 가지에 대해 살펴보고자 한다.

이러한 전통적인 훈련들이 추구하는 목표는 우리의 앎과 삶의 전(前)이성적(prerational) 지반, 진리가 발원하는 사랑의 지반을 드러내는 데 있다. 많은 학자들에게 이 전통적인 훈련들은 낯선 것이다. 그것은 단순히 학문 세계에서 그런 훈련이 실천되지 않아서가 아니라, 무릇 전이성적인 것에는 학자들이 마땅히 두려워해야 하는 비합리성(irrationality)의 위험이 들어 있기 때문이다. 그러나 우리가 진리를 가르치고자 한다면 진리의 전체성은 지성의 파악하고 인식하는 역량을 넘어서는 것이므로, 우리는 지성의 지배를 깨뜨려 주는 훈련을 감수해야 한다. 그렇게 해 보면, 영성 훈련에는 비합리성을 막아 주는 나름의 해독제가 담겨 있다는 것을 알게 될 것이다. 뿐만 아니라 우리는 전이성적 사랑의 힘을 통해 도리어 우리의 이성이 풍요롭게 되고 확장되는 것을 발견한다. 우리가 느끼는 위험은 사실 오류에 대한 것이 아니다. 오히려 그것은, 진리로 하여금 우리를 지배하도록 할 때 찾아오는 변화의 도전에 대한 것이다.

침묵의 명상은 가장 오래된 영성 훈련들 중 하나로서, 사막의 교부들 및 그들의 관상하는 삶을 이어받은 모든 사람이 그것을 실천했다. 침묵 속에 있으면 이성적 지성은 전력을 다해 진리를 찾아가는 일에 지치게 되고, 대신 우리를 찾아오는 진리에 자신을 겸손히 낮추게 된다. 헨리 벅비(Henry Bugbee)는 침묵 속에서 자랄 수 있는 지적인 열매들에 대해 다음과 같이 말한다.

> 철학은 실재와 떨어진 곳에 지성의 안식처를 만드는 것이 아니다. 철학은 사물들을 있는 그대로 놓아두는 법을 배우는 것이다. 즉, 지금 여기 광야에서 그것들을 본래의 모습으로 되돌리는 것이다.… '사물들을 있는 그대로 놓아두는 것'은 행동의 정지를 의미하지 않는다. 그것은 사물들을 존중하는 것, 사물들 앞에서 잠잠히 있는 것, 그것들로 하여금 말을 하게 해주는 것을 의미한다.[15]

그러나 막상 침묵의 명상을 실천해 보면, 우리는 흔히 모든 사물이 침묵하는 광야에 처하게 된다. 우리의 지성은 사물들의 응답을 듣기보다는 그것들에게 그것들이 무엇인지를 말해 주는 데만 너무 익숙해 있다. 그래서 우리가 침묵을 경험하는 초기에 그 경험은 종종 무신론적 체험이나, 우리와 대화하고자 기다리는 것이 아무것도 없다는 명백한 증거가 된다. 루이 뒤프레(Louis Dupré)는 침묵의 구도자를 삼켜 버리는 이러한 '부재'의 경험에 대해 말한다. 그러나 또한 그는 우리가 그 부재 속으로 충분히 들어가기만 하면 역설적이게도 그 현존을 발견하게 된다고 말한다.

신비가들은 내면에서부터 영적 여정을 시작한다. [현대의] 신자들도 원하든 원치 않든 거기서부터 **시작해야만 한다**. 그러나 그들은 즉시 중대한 장애물을 만나게 된다. 왜냐하면 신자가 자신 안에서 만나는 것은 바로 자신을 둘러싸고 있는 것과 동일한 부재이기 때문이다. 그의 마음은, 피조물들이 신성한 언어로 그것에 대해 말하기를 멈추어 버린 이 세계만큼이나 침묵을 지키고 있다. 그러나 내가 영적 삶을 향한 현대 신자들의 열띤 추구의 참된 의미를 감지하는 곳은 바로, 부재의 내적 침묵과의 이러한 의도적 대면이다. 왜냐하면 신자는 자신의 무신론과 대면해 본 다음에야 비로소 자기 신앙의 생명력을 회복하기를 희망할 수 있기 때문이다.…충분히 견뎌내기만 하면, 마음의 공허함은 부재하시는 분을 향한 커다란 부르짖음으로 변할 수 있다.…여기서, 세계의 무신성(godlessness)은 종교적 의미를 부여받고, 신의 임재를 잃어버린 세계와의 이러한 부정적인 만남을 통해 또 다른 차원이 열린다. 이 때 신자는 하나님은 전적으로 자신이 도달할 수 없는 곳에 계시다는 것을, 그분은 대상이 아니라 절대적 요구라는 것을, 그분을 받아들이는 것은 '주어진 것'이 아니라 '주는 자'

(Giving)를 받아들이는 것이라는 것을 깨닫게 된다.[16]

뒤프레의 말은 10년 전 어느 퀘이커 예배 모임에서 시작된, 나의 침묵의 명상 경험과 부합한다. 그들은 아무런 장식 없는 수수한 방에 모여 앉아 40분 내지 한 시간 동안 침묵을 지킨다. 모임 시간 내내 침묵만 계속될 때도 있고 누군가 입을 열어 침묵이 깨어질 때도 있는데, 퀘이커교도들은 그의 말이 그의 영혼 속에서 움직이시는 성령으로부터 오는 것이라고 믿는다.

퀘이커의 침묵을 만나기 전까지 나의 배경이 되었던 것은 예전적 예배와 종교 연구였다. 즉, 나의 신앙은 말을 통해 형성되고 지탱되었다. 처음에는 퀘이커의 침묵에 마음이 끌렸고 편안함을 느꼈다. 그러나 곧 나는 그러한 종류의 '예배'에 대해 분노와 격분을 느끼게 되었다. 성경 말씀을 읽고 설교하는 것과 대조적으로 그것은 내게 기만적으로 보였기 때문이다. 나는 침묵 속에 앉아 있을 때 아무것도 듣지 못했고, 사람들이 입을 열어 말하는 메시지도 '종교적이지' 않게 들릴 때가 많았다. 마침내 나의 분노는 다른 구성원들이 알아차릴 정도까지 커졌다.

그들 중 몇몇 사람이 나의 분노를 직시했고, 또 나로 하여금 나 자신을 직시하게 도와주었다. 그들은 침묵에 대해서 혹은 하나님에 대해서 무엇을 믿어야 하는지를 말하는 대신, 다만 몇 가지 통찰력 있는 질문을 던짐으로써 나로 하여금 이 분노가 어디서 비롯되는지를 깨닫도록 해주었다. 내가 화가 난 것은, 그 침묵이 나로 하여금 영적 체험이 부족하다는 사실과 직면하도록 만들기 때문이었다. 침묵 속에서, 나는 신앙의 기초가 되어 왔던 신학적 말들과 사상들의 인격적 근거를 전혀 발견할 수 없었다. 나는 종교적 실재에 대한 관념은 머릿속 가득히 갖고 있었으나, 그 실재 자체에 대한 직접적인 경험은 거의 없었다. 나는 종교적 실재에 대한 나의 개념과 이론 전체에 도전을 제기할 수 있는 목소리에 귀를 기울이기보다는, 그 실재가 무엇인지에 대해 나 자신에게 말을 하면서 많은 세월을 보냈다. 침묵이 나를 화나게 한 것은, 그것이 나로 하여금 듣지 않을 수 없도록 만들었기 때문이다. 그런데 내가 들을 수 있었던 것은 내 신앙이 무너져 내리는 소리가 전부였다.

그 예배 공동체의 지원과 인도 덕분에 나는 이러한 내적 침묵의 여정으로부터, 공인된 종교적 개념들이 주는 위안으로 다시 돌아가려는 유혹을 거절할 수 있었다. 나는 더 깊은 내적 추구를 하도록, 침묵과 부재의 땅을 계속해서 여행하도록 격려받았다. 나는 그렇게 함으로써, "대상이 아니라 절대적 요구… '주어진 것'이 아니라 '주는 자'"이신 하나님을 발견하기 시작했다. 지금에 와서는 종교 전통에서 비롯하는 개념들이 다시금 나를 인도하고 있는데, 이는 그 말들이 나처럼 침묵 속에서 분투했던 사람들로부터 나왔다는 것을 깨달았기 때문이다. 그러나 만일 내가 그들의 사상을 '객관적 실재'를 정의하는 데 사용한다면, 나는 그들의 추구와 나의 추구를 배신하는 것이다. 그들처럼 나 역시 나를 정의하기 원하는 진리를 만나기 위해, 진리에 대한 나 자신의 모든 정의 아래로 침묵 가운데 침잠해야 한다.

나의 침묵 경험이 '종교적'이긴 하나 교육과 관련된 인식 문제와는 무관한 것으로 생각될지 모르겠다. 그러나 나에게는 그렇지 않다. 내가 처했던 신앙적 위기는 나로 하여금 객관화된 지식의 전체 구조에 대해 질문을 제기하게 만들었다. 나는 침묵 속에서 하나님의 부재를 경험했다. 이는 내가 하나님을 신조와 교의라는 객관적 언어로 정의했기 때문이다. 또한 나는 자아와 세계의 부재도 경험했다. 이는 내가 그들을 객관주의의 구성물을 가지고 정의했기 때문이다. 우리는 침묵에 충실할 때, 하나님이 대상이 아니시라는 것뿐만 아니라 우리 자신, 다른 자아들, 모든 피조물도 대상이 아니라는 것을 발견한다. 우리를 찾아오는 진리에 귀기울이기 위해서, 진리가 자신의 이름을 말하는 것을 들을 수 있기 위해서, 우리는 하나님 앞에서뿐 아니라 우리가 아는 모든 것 앞에서도 침묵해야 한다.

숙련된 인류학자는 어떤 마을을 연구할 때, 그 곳 사람과 그들의 생활 양식에 성급히 사회과학적 개념을 부과하지 않는다. 대신 그는 침묵 속에서 많은 시간을 보내며, 그 타자의 실재에 귀를 기울인다. 숙련된 문학 비평가는 어떤 소설을 성급히 어떤 '유형'으로 분류한 뒤 거기에 연역적 범주를 부과하지 않는다. 대신 그는 침묵 가운데 그 세계 속으로 겸손히 들어가는 방식으로, 그 소설가가 이루어 놓은 힘들의 균형을 존중하며 그 역학에 참여하는 방식으로 그 글을 읽는다. 심지어 물리학에서도 가장 위대한 진보는 침묵의 방식을 통해 찾아오는 것 같다. 알베르트 아인슈타인이야말로 관상가—거의 들리지 않는, 오직 그만이 들을 수 있는, 세계의 미세한 속삭임에 끊임없는 침묵으로써 귀를 기울이는 사람—가 아니고 무엇이겠는가?

루이 뒤프레는 침묵을 통해 진리로 들어가는 것에 대해, 영적 체험뿐 아니라 지적인 삶에도 적용될 수 있는 용어들로 이렇게 말하고 있다.

> 영적인 사람은 다른 관점을 가지고 세계를 바라본다. 그는 평범한 실재의 아래에서 또 다른 차원을 알아본다. 그 관상가는 각 피조물의 핵심부에서 타자성을 발견하는데, 이는 그로 하여금 각 피조물에게 그것 자신이 되게끔 허락하도록, 우리가 흔히 취하는 정복하고 객관화시키는 태도를 삼가도록 해준다. 이것이 하나님에 대한 어떤 새로운 사상을 계시하는 것은 아니다. 다만 그것은 실재로 하여금 스스로를 계시하게 만들어 준다.[17]

침묵의 명상 속에서 하나님과 세계가 부재하는 듯 보일 때, 우리는 그 경험을 잘못 해석해서는 안 된다. 침묵 속에서 우리를 버리고 떠나는 것은 실재 자체가 아니라, 우리가 실재를 연구할 때 사용하는 지성의 객관화시키는 힘이다. 침묵 속에 있으면 객관적 지식의 장벽은 허물어진다. 우리는 그러한 장벽을 실재 자체로 오인하고 있었기에, 마치 실재가 그것들과 함께 허물어지는 듯 보인다. 그러나 곧 우리는 실재를 새롭게 받아들이는 법을 배우게 된다. 우리는 하나님과 세계에게 그들이 무엇인지를 말해 주는 것을 삼가는 법을 배우며, 대신 그들의 자기 계시에 귀기울이는 법을 배운다.

고독 속에서

우리가 침묵으로부터 배워야 하는 궁극적인 교훈은 하나님과 세계가 우리를 떠난 것이 아니라는 점이다. 우리가 하나님과 세상을 떠난 것이다. 우리는 우리 자신이 발견되는 것을 원치 않았기에 비인격적 지식이라는 장벽 뒤에 숨었다. 인식 주체인 우리의 자아에는 어둠과 왜곡과 오류가 가득하다. 그런데 우리의 자아는 변화에 노출되거나 변화의 도전을 받기를 원치 않는다. 우리의 자아는, 인식의 주체만 되고 대상은 되지 않기 위해 객관화된 지식을 추구한다. 그러나 침묵의 훈련을 통해 이러한 교훈을 배울 수 있다면, 우리는 도망다니는 인식 주체로서의 자아를 숨어 있던 곳에서부터 불러내어 진리와 사랑에 의해 변화되도록 하는, 고독의 훈련으로 인도될 것이다.

침묵이 우리로 하여금 세계를 있는 그대로 받아들이게 해주는 것이라면, 고독은 우리 자신을 있는 그대로 받아들이게 해준다. 침묵이 우리에게 세계를 아는 지식을 준다면, 고독은 우리에게 우리 자신을 아는 지식을 준다. 이 두 훈련은 서로 분명한 관련을 맺고 있다. 만일 우리가 실재를 있는 그대로 받아들이고자 한다면, 수신자인 우리는 작동 상태가 좋아야 하고 주파수가 잘 맞추어져 있어야 하며 내부 잡음이 없어야 한다. 우리는 고독 속에서, 우리로 하여금 하나님과 세계를 있는 그대로 받아들이지 못하도록 만드는 자아의 왜곡들을 발견하고 바로잡는다.

고독—이는 지금까지 우리의 영적 여정을 인도해 온 4세기 사막 구도자들에게 근본적인 훈련 중 하나였다—은 단순히 사람들의 부재를 뜻하지 않는다. 고독이란 일상적인 일, 의존하는 대상, 여러 가지 역할로부터 가능한 한 거리를 둔다는 의미다. 고독은 우리로 하여금 일상 생활에서는 불가능할 만큼 직접적으로 우리 자신을 대면하도록, 그래서 우리가 진정 누구이며 무엇을 신뢰할 수 있는지를 배우도록 우리를 부른다.

고독은 이 책에서 지금까지 강조한 공동체로의 부름과 모순되는 것처럼 보일 수 있다. 그러나 고독과 공동체는 영적 삶에 존재하는 또 하나의 역설의 양극으로서 공존한다. 이는 은둔자가 되려고 떠났지만 결국 수도원—가장 지속적인 형태의 종교 공동체—의 형성에 영감을 주게 된 사막 교부들의 예로서 충분히 입증되는 역설이다. 고독은 공동체를 가능하게 만들어 주는 사랑의 심장부를 향해 우리를 열어 준다. 반면 공동체 안에서의 삶은 우리가 고독 가운데서 접촉하는 그 사랑을 드러내 준다. 공동체에는 그 공동체의 유대를 새롭게 해주는 고독이 필요하다. 반면 고독에는 그러한 유대를 표현하고 시험해 주는 공동체가 필요하다. 만일 이러한 역설의 한쪽 극만을 택한다면, 우리는 진리 자체의 내적 내용이나 외적 형식 중 하나를 희생시키게 된다.

그러나 일상적 삶에서 우리 대부분은 고독 가운데 있지도 않고, 그렇다고 공동체 가운데 있지도 않다. 그저 그 사이에 어중간하게 존재할 뿐이다. 즉, 우리는 진리의 형식과 내용 모두를 파괴하고 있는 것이다. 우리는 참으로 홀로 있는 경우도 드물며, 다른 사람들과 참으로 함께하는 때도 드물다. 바로 이것이 대중 사회와 대중 교육의 공허함이다. 즉, 우리의 삶은 집단적 분주함과 개인적 고립 사이에서 왔다 갔다 할 뿐, 진정한 고독 경험이나 공동체 경험은 없다. 이러한 어정쩡한 중간 지대에서 고독(solitude)은 외로움(loneliness)이 되고, 우리의 공동체 시도들은 무상하게 좌초될 뿐이다. 우리는 군중 속의 외로운 존재들로서, 자신 안에 있는 사랑의 심장부와 접촉하지도 못하고 그 심장부를 이끌어내는 방식으로 다른 사람들과 접촉하지도 못한다.

나는 공동체는 다름 아니라 실재의 본질, 우리 존재의 모양이라고 주장한다. 좋든 싫든, 인정하든 그렇지 않든 상관 없이, 우리는 서로 공동체 관계를 맺고 있으며 서로의 삶에 연루되어 있다. 그러나 공동체는 모든 자아됨을 말살해 버리는, 군중의 집단적 정체성이 아니다. 또한 그것은 단일한 우주적 자아로의 신비적인 융합도 아니다. 공동체란, 각자 자신의 정체성과 독자적인 온전함을 가진 개별적 인격들, 고독한 자아들 사이의 관계의 그물망이다. 바로 그러한 자아가 우리가 공동체로 가지고 들어와야 하는 전부다. 만일 우리가 자신의 정체성과 독자성을 들여오기 원한다면, 파괴적 망상과 거짓말이 아니라 우리의 인격적 진리를 들여오고자 한다면, 고독 훈련은 필수적이다. 고독 속에서 우리는 우리 자신을 있는 그대로 알게 되고 사랑이 우리를 알 듯 우리 자신을 알게 된다.

그러나 고독 속에서 찾아오는 자기 지식은 처음에는 애정 어린 것으로 느껴지지 않는다. 사실 많은 사람이 고독을 두려워하고 피하는 이유는 고독과 더불어 처음 찾아오는 감정들—지독한 지루함과, 뒤따라오는 더 깊은 내적 어둠—때문이다. 물론 그 지루함에도 일종의 자기 지식이 담겨 있다. 그 지루함은 우리가 스스로에게 얼마나 별 의미 없는 존재인지, 우리가 자아 정체성과 활력을 위해 얼마나 외적 요인에 의존하고 있는지 드러내 준다. 우리는 우리의 정체성과 생명 자체를, 우리가 하는 일, 역할, 혹은 다른 사람들에게서 얻어내는 반응에 의존하고 있다. 이러한 것들이 고독에 의해 제거되자, 우리의 생동감도 함께 사라져 버리고 우리는 그 상실을 지루함으로 경험하는 것이다.

계속 고독과 함께 머무를 때, 지루함에 이어 더 파괴적인 종류의 자기 지식이 찾아온다. 우리가 외적 기능과 목적을 박탈당하고 나면, 내적 어둠이, 의심과 불안과 죄책감, 비난과 분개와 후회의 구름이 우리를 삼킨다. 치유되지 못한 과거의 기억이 우리를 사로잡고, 미래에 대한 불신앙적 불안이 짓누른다. 고독 속에서 우리는 때때로 이 세상에서 가장 곤란한 사실 하나를 깨닫곤 한다. 우리는 우리 자신과 함께 있는 것을 견디지 못한다!

따라서 우리가 군중에게 마음을 빼앗기는 것은 이상한 일이 아니다. 군중은 우리를 우리 자신으로부터 구원해 주기 때문이다. 군중 속에 있으면 우리는 계속해서 바쁘고 정신 없는 상태로 지낼 수 있으며, 내면의 어둠을 회피하고 그것을 다른 사람들에게 투사해 버릴 수 있다. 따라서 군중은 결코 공동체가 되지 못한다는 사실 또한 이상한 일이 아니다. 군중은 자기 지식을 추구하지 않는 사람들, 내적 왜곡을 점검하지 않고 내버려두기에 결국 진리라 불리는 공동체와 자기 지식의 관계를 왜곡시키는 사람들로 이루어져 있기 때문이다.

고독 속에서 우리는 세계에 대해, '저쪽 바깥'에 있는 것에 대해 더 많은 지식을 얻지는 못한다. 그러나 우리는 훨씬 더 가치 있는 무언가를 얻는다. 바로 '여기 안쪽'에 있는 것, 즉 인식 주체로서의 나 자신에 대한 지식이다. 우리는 인식 주체인 우리 자신을 알게 될 때, 또한 세계에 대한 우리 지식의 책임과 한계도 알게 된다. 자신의 정체성에 대해 외적 조건에 의존하고 있을 때에는, 흔히 실재를 우리의 필요를 위한 장식품으로 삼음으로써 그것을 왜곡시킨다. 두려움과 공상으로 가득 차 있을 때에는, 우리는 실재에 우리 자신의 어둠을 투사함으로써 그것을 왜곡시킨다. 객관주의의 주장은 모든 문제와 해결책은 '저쪽 바깥' 어딘가에 있다고 고집하며, 그 해결책은 종종 외적 환경의 급격한 변화를 수반한다. 이러한 객관주의의 주장은 실은 '여기 안쪽'과 우리 사이에 있는 것과 조화를 이루지 못하는 우리의 실패에 그 뿌리를 두고 있다. 그러나 고독 속에서 자신을 대면할 때, 우리는 서서히 의존성과 어둠의 압박으로부터 자유로워지며 또 삶을 객관화시키는 파괴성으로부터 자유로워진다.

자유와 치유를 가져오는 고독 훈련은, 그저 끈기를 가질 것을, 인내를 가지고 자신과 대면할 것을, 자신이 세계에 투사했던 것들을 거두어 그 원천을 자신 안에서 발견할 때 찾아오는 고통을 견뎌낼 것을 요구한다. 우리가 그렇게 할 때, 고독은 결국 평온한 은혜의 선물이자, 우리가 자신을 정직하게 대면할 때 늘 찾아오는 선물, 즉 우리 자신을 있는 그대로 용납하고 따뜻하게 대할 수 있는 은혜를 제공한다. 우리는 스스로를 고독 속에서 앎의 대상이 되도록 할 때, 사랑이 우리를 알고 있다는 것을 발견하게 된다. 자기 발견의 고통 너머에 우리를 정죄하지 않고 우리를 자신에게로 부르는 사랑이 있다. 이 사랑은 우리를 있는 그대로 받아준다. 그 사랑은 우리가 자기 기만을 물리칠 수 있는 공간, 우리가 진리에 의해 변화되도록 하는 공간을 창조한다. 우리는 그렇게 할 때에야, 세계를 있는 그대로 받아들일 수 있는 공간, 진리에 대한 순종이 실천될 수 있는 공간을 더 잘 창조할 수 있다.

기도 속에서

침묵 훈련과 고독 훈련은 함께, 내가 전에 관계성의 훈련으로 정의한 바 있는 기본적인 영성 훈련인 기도를 위한 조건을 만들어 낸다. 고독 속에서 우리는 우리 자신을 인정한다. 침묵 속에서 우리는 세계를 인정한다. 그리고 기도 속에서 우리는 우리와 우리 세계를 하나로 묶어 주는 영적 끈들을 인정한다. 기도는 역설의 방법—세계 전체의 말을 듣기 위해 침묵 속으로 깊이 들어가는 방법, 세계 전체의 관계성을 느끼기 위해 고독 속으로 깊이 들어가는 방법—이다. 기도 속에서 우리는, 만물이 비롯하고 만물이 되돌아가며 만물로 관계를 맺게 하시는 초월적 영(Spirit)과 접촉하게 된다.

기도에 대한 말로 이 책을 마무리짓는 것이 적절할 것이다. 아바 펠릭스의 이야기 역시 그렇게 끝나기 때문이다. "이 말을 듣자 형제들은 탄식하며 말했다. '아바시여, 우리를 위해 기도해 주소서.'" 이 간청에 아바 펠릭스가 어떻게 반응했을지 알 수 없지만, 아마 로마서에서 바울이 쓴 다음 구절(8:26-27, 29)을 인용하며 말하지 않았을까 상상해 본다.

> 우리는 마땅히 기도할 바를 알지 못하나 오직 성령이 말할 수 없는 탄식으로 우리를 위하여 친히 간구하시느니라. 마음을 살피시는 이가 성령의 생각을 아시나니…하나님이 미리 아신 자들을….

우리는 너무 자주 기도를 지적인 행위, 하나님께 미사여구를 말하는 행위로 생각한다. 만일 그런 것이 기도라면, 모든 것은 우리의 흠 있는 지식에, 우리가 아는 바를 표현하는 보잘것없는 능력에 달려 있게 된다. 그러나 기도에 더욱 깊이 들어갈수록, 우리는 "마땅히 기도할 바를 알지 못한다"는 것을 더욱 절실히 깨닫게 된다. 진정한 기도는 우리를, 우리의 말이 파하고 지식이 동나는 위대한 신비의 언저리로 인도해 준다.

아바 펠릭스가 위대한 교사였던 것은, 그가 학생들을 그 언저리로 인도하여 그들로 하여금 탄식할 수밖에 없도록, 그들이 교사와 그가 가르친 진리와의 언약을 깨뜨렸음에 대해 자책하도록 만들었기 때문이다. 창조 세계의 공동체와의 언약을 깨뜨려 버리는 인식 방식과 행위와 존재의 결과들로 인해 오늘날 인류는 더 많은 고통을 겪고 있으며 더 많은 탄식을 하고 있다. 그러나 바울의 말에 따르면 이러한 탄식 자체가 바로 기도다. 비록 우리는 그 뜻을 알지 못한다 해도 하나님은 아신다. 왜냐하면 하나님은 이미 우리의 가장 깊은 내면을 알고 계시기 때문이다. 깊은 기도 속에서, 기도가 신음 같은 탄식 소리가 될 때, 우리는 우리가 어떻게 기도해야 할지 모를 때도 여전히 누군가 우리 안에서 우리를 통해 우리를 위해 기도하고 있다는 것을 배우게 된다. 기도 속에서 우리는 말이 동이 날 때도 여전히 말씀(the Word)이 주어지며, 지식이 동이 날 때도 여전히 누군가가 우리를 안다는 것을 배운다.

이렇게 깊은 기도 속으로 들어갈 때에야, 비로소 우리는 '그가 나를 아시듯 아는 것'(to know as we are known: 본서의 영어 제목이다―역주)을 시작할 수 있다. 우리의 교만한 지식, 세계를 분열시키고 정복하고 파괴해 온 그 지식이 겸손히 낮추어진다. 이제 그 지식은 우리를 삶의 모든 것과 충실한 관계를 맺도록 하는 지식이 된다. 기도 속에서 우리는 진리에 대한 순종을 실천할 수 있는 궁극적인 공간, 즉 우리 모두와의 언약을 지키시는 성령에 의해 창조되는 공간을 발견하게 된다.

주

1. 안다는 것은 사랑한다는 것이다

1) *The Day after Trinity: J. Robert Oppenheimer and the Atomic Bomb*의 방송 원고 (Kent, OH: PTV Publications, 1981), p. 30.
2) 앞의 책, p. 16.
3) Jonathan Schell, *The Fate of the Earth*(New York: Avon Books, 1892), p. 100.
4) Arthur Levine, *When Dreams and Heroes Died*(San Francisco: Jossey-Bass, 1981).
5) 앞의 책, p. 103.
6) Thomas Merton, *Love and Living*(New York: Farrar, Straus & Giroux, 1979), p. 3.

2. 영성 형성으로서의 교육

1) 교육과 수도원의 관계에 대해서는, George H. Williams, *Wilderness and Paradise in Christian Thought*(New York: Harper & Brothers, 1962)를 보라.
2) Fritjof Capra, "Buddhist Physics", in Satish Kumar, ed., *The Schumacher Lectures*(New York: Harper & Row, Colophon Books, 1980), p. 132.
3) Gary Zukav, *The Dancing Wu Li Masters*(New York: Bantam

Books, 1979), pp. 31, 92. 「춤추는 물리」(범양사).
4) Michael Polanyi, *Personal Knowledge*(Chicago: University of Chicago Press, 1958). 「개인적 지식」(아카넷).
5) Richard Gelwick, *The Way of Discovery*(New York: Oxford University Press, 1977), pp. 77-78.
6) 앞의 책, p. 82, 강조체는 내가 추가한 것이다.

3. 가르침 배후에 숨겨진 가르침

1) E. F. Schumacher, *A Guide for the Perplexed*(New York: Harper & Row, 1977), p. 85.
2) Benedicta Ward, trans., *The Desert Christian*(New York: Macmillan, 1975).
3) Williams, *Wilderness and Paradise in Christian Thought*.
4) Ward, *The Desert Christian*, p. 242.

4. 진리란 무엇인가?

1) Schumacher, *A Guide for the Perplexed*, p. 39.
2) 앞의 책.
3) 앞의 책, p. 51.
4) Abraham Joshua Heschel, *A Passion for Truth*(New York: Farrar, Straus & Giroux, 1973), p. 45. 「어둠 속에 갇힌 불꽃」(한국기독교연구소).
5) Jean Leclercq, *The Love of Learning and the Desire for God*(New York: Fordham University Press, 1977), p. 257.
6) Polanyi, *Personal Knowledge*, p. viii. 「개인적 지식」(아카넷).
7) Herbert Mason, *The Death of al-Hallaj*(Notre Dame, IN: University of Notre Dame Press, 1979), pp. xviii, xix.

8) Margaret Mead, *New Lives for Old*(New York: Dell, 1966).
9) Loren Eiseley, *The Unexpected Universe*(New York: Harcourt, Brace and World, 1969).
10) Aldo Leopold, *A Sand Country Almanac*(New York: Ballantine Books, 1966), pp. 239-240.
11) 인격화에 관한 중요한 토의가 James Hillman, *Revisioning Psychology*(New York: Harper & Row, Colophon Books, 1977), 1장에 실려 있다.
12) Gelwick, *The Way of Discovery*, p. 9.

5. 가르침이란 공간을 창조하는 일이다

1) Ward, *The Desert Christian*, p. xx.
2) 앞의 책, p. xxiv.
3) 앞의 책, p. xxiii.
4) 나는 환대의 개념에 대해서 Henri Nouwen의 *Reaching Out*(New York: Doubleday, 1975), 4-6장에서 도움을 얻었다. 「영적 발돋움」 (두란노).
5) Howard Schwartz, ed. *Imperial Messages*(New York: Avon Books, 1976), pp. 113-114에서 발췌했다.
6) Ward, *The Desert Christian*, p. 103.
7) Werner J. Dannhauser, "Leo Strauss: Becoming Naive Again", in Joseph Epstein, ed. *Masters*(New York: Basic Books, 1981), p. 259.

6. 진리에 대한 순종이 실천되는 공간

1) Leslie Dewart, *The Future of Belief*(New York: Herder and Herder, 1966), p. 96.
2) Dietrich Bonhoeffer, *Ethics*(New York: Macmillan, 1978), pp.

367-368. 「기독교 윤리」(대한기독교서회).

3) Jay Hall, "Decisions", in *Psychology Today*, November 1979, p. 51 이하.

4) 앞의 책, p. 86.

5) 앞의 책, pp. 52-53.

6) Carol Bly, *Letters from the Country*(New York: Harper & Row, 1981), p. 38.

7) Thomas Keating, *The Heart of the World*(New York: Crossroad, 1981), pp. 45-46.

8) Heschel, *A Passion for Truth*, pp. 63-64.

7. 가르치는 이의 영성 형성

1) Ward, *The Desert Christian*, p. 242.

2) 다음의 주들을 보면 알 수 있듯이 나는 Karl W. Deutsch가 이러한 영적 덕목들에 대해 *The Nerves of Government*(New York: The Free Press, 1966), 13장에서 말한 내용에서 크게 도움을 얻었다.

3) 앞의 책, p. 230.

4) 앞의 책, p. 232.

5) 앞의 책.

6) 앞의 책, p. 233.

7) 앞의 책.

8) 앞의 책, p. 234.

9) E. F. Schumacher, *Small Is Beautiful*(New York: Perennial Library, 1975), pp. 97-98. 「작은 것이 아름답다」(범우사).

10) Deutsch, *The Nerves of Government*, pp. 236-240.

11) 앞의 책, p. 237.

12) 앞의 책.

13) John Howard Griffin, *Black Like Me*(Boston: Houghton Mifflin, 1960).「블랙 라이크 미」(살림).
14) Loren Eiseley, *The Immense Journey*(New York: Vintage Books, 1957).「광대한 여행」(강).
15) Henry G. Bugbee, Jr., *The Inward Morning*(New York: Harper & Row, Colophon Books, 1976), p. 155.
16) Louis Dupré, "Spiritual Life in a Secular Age", in *Daedalus*, Winter 1982, p. 25.
17) 앞의 책, p. 28.

인명 · 주제 색인

al-Hallaj 143
Aquinas, Thomas 127

Bly, Carol 209
Bonhoeffer, Dietrich 193, 195
Buber, Martin 124-125, 137, 170, 207
Bugbee, Henry 238

Chesterton, G. K. 223

Dannhauser, Werner 185
Deutsch, Karl 223, 225, 226, 228, 230, 232
Dewart, Leslie 192
Dostoevski, Fedor M. 56, 140
Dupré, Louis 239, 243

Einstein, Albert 147, 243
Eiseley, Loren 146, 236
Evagrius 161-162

Felix, Abba, as example of knowing and teaching 107-117, 119, 139, 150, 157-158, 166, 167, 178, 191, 219, 223-230, 250-251
Gelwick, Richard 88, 151
Goethe, Johann von 141
Gregory, St. 137
Griffin, John Howard 235

Hall, Jay 199, 201
Heidegger, Martin 185
Heschel, Abraham Joshua 137, 211
Hitler, Adolf 212
Hobbes, Thomas 185-186
Hopkins, Gerard Manley 149

Joseph, Abba 173, 174
Jüng, C. G., 141

Keating, Thomas 210

Leopold, Aldo 146

Marx, Karl 147
Massignon, Louis 143
Mead, Margaret 145

Melville, Herman 140
Merton, Thomas 61, 63, 206-207
Mozart, Wolfgang 209

Oppenheimer, Robert 44

Paul 66-68, 125, 250, 251
Pilate 120-122, 134, 150
Plato 147, 212
Plotinus 127
Polanyi, Michael 87, 88, 138

Schell, Jonathan 44
Schumacher, E. F., 100, 127, 128, 228
Socrates 178, 212
Strauss, Leo 185

강의(lectures, creating space through) 171-174
개방성(openness, in learning space) 160-162
객관적(objective, meaning of word) 79-80
객관주의(objectivism, as embedded in our teaching, and results) 95-107, 126, 134-135
거룩한 독서(*lectio divina*) 168-169, 210
겸손(humility, for teacher) 223-226
경계(boundaries, in learning space) 160, 162-165
고독(solitude, discipline of, for teacher) 244-249

공간(space, creating, in teaching) 5장
  감정적 공간(emotional space, creating) 181-187
  개념적 공간(conceptual space, creating) 168-173
  극적 공간(dramatic space, creating) 174
공동체의 공동 생활(gathered life of community, in today's schools) 69-74
교사(teacher)
  권위자(as authority figure) 95
  영성 형성(spiritual formation of) 7장
  중개자(as mediator) 90
그 날 이후(The Day after Trinity) 43, 48
금욕(ascesis) 164
기도(prayer)
  관계성(as relatedness) 59, 250
  오늘날 학교에서의 관상 기도(contemplation, in today's schools) 69-74
  학교 내에서의 기도에 대한 논쟁(in school, controversy over) 58-64
  훈련(discipline of, for teacher) 250-252

「나 같은 흑인」(*Black Like Me*) 235-252
내적 변화(inner transformation of teachers) 219-222

"달에서의 실종"("Lost on the Moon", as model for practicing obedience to truth) 196-204

대화적 접근(dialogue approach to teaching) 208

(영적) 덕목(virtues, spiritual, for teachers) 223-232

독서(reading, creating space through) 168-171

말(speech, creating space through) 175-181

물리적 공간(physical space, creating) 167

명료화 모임(clearness committee) 179-181

믿음(faith, for teacher) 225-226

사랑(love)
  교사의(for teacher) 227-232
  지식과의 연결(link with knowledge) 55-57, 137

사막 교부(desert teachers, as example of knowing and teaching) 107-117
  또한 'Felix, Abba'를 보라.

사실(fact, meaning of word) 77-88

수도원 훈련(monastic disciplines, in today's schools) 69-73

순종(obedience to truth)
  교실에서의 실천(practicing in classroom) 6장
  단어의 의미(meaning of word) 112

정의(defined) 150-155

숭상(reverence without idolatry, for teacher) 226-228

신성한 문헌들에 대한 연구(study of sacred texts, in today's schools) 69-74

실재(reality, meaning of word) 80

아다이쿠아티오 이론(*adaequatio*, theory of) 127-130

앎, 지식(knowledge)
  객관적 대 주관적(objective vs. subjective) 82-93
  기원과 목적(origins and ends of) 51-57
  사랑과의 연결(link with love) 55-57, 137
  얼굴을 맞대고 보는(as seeing face to face) 66-68
  이미지들(images of) 74-82
  폭력(violence of) 43-51

암자(cell, as symbol of monastic discipline) 164

언약의 공동체(troth, community of) 91-93, 111-117

예수 Jesus
  인격체 진리(personal truth) 119-126, 135, 142, 150-151
  교사로서(teacher) 82

온전한 시각("wholesight") 35-37

우상 숭배(idolatry, reverence without) 226-228

우정(friendship toward subject, teaching with) 214-217

은혜(grace, openness to, for teacher) 230-232
이론(theory, meaning of word) 78-80
인식론(epistemology) 75-76

자리 바꾸기(displacement, spiritual discipline of) 234-237
자유(freedom, through obedience to truth) 150-151
전문 지식의 망상에서 벗어나는 길(mastery, delusion of, avoiding) 233-235
정주의 서약(vow of stability) 164-165
주관주의(subjectivism, danger of) 132-133
주제(subject, voice of, listening to) 204-205
지구의 운명(*The Fate of the Earth*) 44
지배욕(control, as source of our knowledge) 53
진리(truth) 4장
　공동체적(as communal) 132-136
　교육의 메시지(as message of education) 91-93
　규칙(rule of) 189-191
　모든 지식에 적용되는(applied to all knowledge) 142-149
　상호성(mutuality of) 136-141
　순종(obedience to) 150-155
　쌍방적 관계(as two-way relationship) 126-131
　인격적(as personal) 119-123, 137
　충실로(fidelity, truth as) 192
　진리를 말하는 것("Telling the Truth") 193-194

"천사와 세계 통치"("The Angel and the World's Dominion") 170-171, 207-208
침묵(silence)
　공간을 창조하는(creating space through) 175-181
　훈련(discipline of, for teacher) 237-244

퀘이커(Quaker) 179, 240-241

파우스트(*Faust*) 141
폭력으로서의 지식(violence, our knowledge as) 43-51

합의(consensus, learning by) 196-204
호기심(curiosity, as source of our knowledge) 53
혹독한 사랑("tough love") 56
환대(hospitality, in learning space) 160, 165-166
훈련(disciplines)
　교사의 영적(spiritual, for teachers) 232-237
　오늘날 학교의 수도원적 훈련(monastic, in today's schools) 69-74

그리스도인 교사를 위한 IVP 책들

이야기가 있는 기독교 학교
존 볼트 지음/ 이정순 옮김/ 신국 272면

오늘날 현대 문명이 직면한 위기 가운데서 기독교학교가 어떤 역할을 할 수 있는지를 모색하고, 기독교 교육이란 기독교의 이야기를 전수하는 것임을 주장하면서 새로운 서사적 교수법의 패러다임을 제시한다.

기독교적 교육과정 디딤돌
해로 반 브루멜른 지음/ 이부형 옮김/ 46배판 변형 304면

유치원에서 고등학교까지 기독교적 교육과정 기획의 실제를 다루는 책. 기독교 세계관, 진리관, 지식관이 어떻게 매일매일의 수업을 계획하는 데 영향을 미칠 수 있는지를 풍부한 실례를 통해 설명하고 현직 교사 및 예비 교사, 교육가들에게 변혁적인 기독교적 교육과정의 비전을 보여 준다.

교실에서 하나님과 동행하십니까?
해로 반 브루멜른 지음/ 기학연교육연구모임 옮김/ 신국 288면

기독교 세계관에 기초해서 가르치는 일과 지식의 본질을 새롭게 정립한, 브루멜른의 널리 알려진 고전.

가르침은 예술이다
반 다이크 지음/ 김성수 옮김/ 신국 양장 384면

교사들의 실제적인 교습법이 그들의 신앙으로 인해 어떻게 변화될 수 있는지를 이해하도록 돕는 책.

어떤 교사가 될 것인가?
필립 메이 지음/ 정애숙 옮김/ 신국 216면

저자는 교사를 의사소통자, 목자, 군사, 향기를 내는 사람으로 묘사하여 설명하며, 오늘날 그리스도인 교사가 겪는 문제점과 교사로서의 우선순위 등을 명쾌하게 다루고 있다.

어떻게 가르칠 것인가?
필립 메이 지음/ 최수경 옮김/ 신국 216면

성경이 말하는 진정한 교사의 역할과 가치를 탐구하는 책으로, 학생과의 관계, 상벌의 문제, 학습 지도 및 생활 지도 등에 대한 실제적이고 성경적인 태도를 제시한다.

옮긴이 이종태는 한국외국어대학교 영어과를 졸업하고 장신대 신학대학원에서 신학을 공부했다. 미국 버클리 GTU(Graduate Theological Union)에서 기독교 영성학으로 철학박사(Ph. D.) 학위를 받았다. 「다윗: 현실에 뿌리박은 영성」, 「현실, 하나님의 세계」(이상 IVP), 「순전한 기독교」, 「고통의 문제」, 「시편 사색」, 「네 가지 사랑」, 「인간 폐지」(이상 홍성사) 등 다수의 책을 번역했다.

가르침과 배움의 영성

초판 발행_ 2000년 9월 18일
초판 7쇄_ 2005년 4월 30일
개정판 발행_ 2006년 8월 15일
개정판 19쇄_ 2024년 4월 30일

지은이_ 파커 팔머
옮긴이_ 이종태
펴낸이_ 정모세

펴낸곳_ 한국기독학생회출판부
등록번호_ 제2001-000198호(1978.6.1)
주소_ 04031 서울시 마포구 동교로 156-10
대표 전화_ (02)337-2257 팩스_ (02)337-2258
영업 전화_ (02)338-2282 팩스_ 080-915-1515
홈페이지_ http://www.ivp.co.kr 이메일_ ivp@ivp.co.kr
ISBN 978-89-328-1381-3

ⓒ 한국기독학생회출판부 2000, 2006

책값은 뒤표지에 있습니다.
무단 전재와 복제를 금합니다.